SYDONIE,

OU

LA FAMILLE DE MEINDORFF,

PIÈCE EN TROIS ACTES, A GRAND SPECTACLE,

IMITÉE DE L'ALLEMAND,

Par MM. CUVELIER et LEOPOLD;

Musique arrangée par MM. ALEXANDRE et MARTY,
Ballet de M. RENAUZI;
Décors par M. ALLAUX;

Représentée pour la première fois, le 3 Juillet 1821, sur le THÉATRE DU PANORAMA DRAMATIQUE.

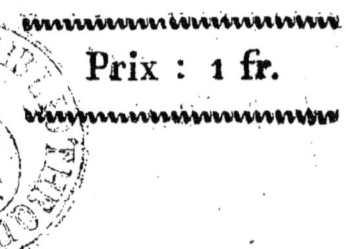

Prix : 1 fr.

A PARIS.

Chez M. POLLET, Libraire-Éditeur de Pièces de Théâtre, rue du Temple, N°. 36, vis-à-vis celle Chapon.

1821.

PERSONNAGES.   ACTEURS.

Le Comte de MEINDORFF, grand Seigneur
  Allemand. . . . . M. *Legros.*
La Comtesse, sa femme. . . . . Mme. *Gobert.*
SYDONIE, leur fille. . . . . Mme. *Belfort.*
RODOLPHE, fils du comte, (du 1er. lit.) . M. *Francisque.*
Le Prince de ROSENTHAL, ami de la famille
  de Meindorff. . . . . M. *Plançon.*
ERNEST STEIMBER, (sous le nom de MAU-
  RICE) jeune Négociant, amant de Sydonie . M. *Camiade.*
LUDWIG, Valet d'Ernest. . . . . M. *Vautrin.*
BUZMANN, Intendant du château de Mein-
  dorff. . . . . M. *Théodore.*
ÉMELINE, fille de Buzmann. . . . . . . Mme. *Mercier.*
Villageois.
Valets du comte.
Garde-Chasse.
Villageoises.

La Scène est au château de Meindorff, en Allemagne.

SYDONIE.

Le Théâtre représente une salle basse et gothique, garnie de meubles antiques et de portraits de famille surmontés d'armoiries et d'écussons.

SCÈNE PREMIÈRE.

BUZMANN, LUDWIG, MAURICE, EMELINE, *Valets en livrée, Villageois, Villageoises.*

(*L'intendant, au milieu du théâtre avec Emeline, donne des ordres aux valets et aux paysans grouppés autour de lui, et parmi lesquels on voit Ludwig et Maurice; le ton et les manières de ce dernier semblent contraster avec ses habits, malgré le soin qu'il prend de se déguiser.*)

BUZMANN, *avec une ridicule importance.*

Or sus, mes amis, tandis que monseigneur notre maître et sa très-noble famille, arrivés cette nuit dans ce château, reposent encore, écoutez bien toutes les instructions que j'ai à vous donner pour leur service, afin qu'à leur réveil leurs moindres desirs soient devinés, prévenus;..... mais, pour vous mettre mieux au fait, je vais tout simplement vous lire une partie de la lettre que j'ai reçue il y a quelques jours de monsieur le comte, par laquelle il m'annonçait sa prochaine arrivée. (*Tirant gravement une lettre de sa poche et mettant ses lunettes.*) « A monsieur, monsieur Buzmann, intendant.» (*S'interrompant.*) Vous voyez bien que c'est à moi que cela s'adresse. (*Il lit.*) «Mon cher monsieur Buzmann.» (*S'interrompant encore.*) Remarquez, je vous prie, avec quelle affectueuse familiarité monseigneur me traite. Oh ! il me considère beaucoup monseigneur, quoiqu'il ne me connaisse presque pas, venant très rarement à ce château.... Continuons. (*Il lit.*) « Mon cher monsieur Buzmann, d'importantes raisons.» (*S'interrompant de nouveau.*) Je les connais, ces raisons, moi ; mais cela ne vous regarde pas....

EMELINE.

Mais, mon père, si vous vous interrompez toujours comme ça, nous ne saurons jamais ce que vous avez à nous dire.

BUZMANN.

Paix, mademoiselle ! une jeune fille doit écouter et se taire quand son père parle ; je continue. (*Il lit.*) « D'importantes raisons m'obligent à quitter la résidence, pour venir habiter, avec ma famille, mon château de Meindorff. J'ai congédié une partie de ma maison ; en conséquence, vous voudrez bien choisir, parmi mes vassaux, deux jeunes gens actifs, dévoués, sûrs, et pas trop maladroits, pour mon service et celui de mon fils Rodolphe.

EMELINE, *regardant Ludwig à la dérobée.*

C'est fait, mon père : tout justement monsieur Ludwig, le fils du fermier du château, est revenu au pays, après avoir fait le tour du monde, pour rentrer au service de monsieur le comte, avec un de ses camarades de voyage, qui, je suis bien sûre, conviendra aussi à monseigneur.

(*Maurice la remercie d'un signe.*)

BUZMANN.

Je l'espère ; Ludwig m'a dit beaucoup de bien de son camarade Maurice en me le présentant ; je l'ai reçu sur sa recommandation, et il m'en a répondu. (*Ludwig fait un signe affirmatif.*) C'est bien, dès ce moment il est au service de monsieur le comte ; quant à toi, Ludwig, tu reprendras ici, auprès du fils de monseigneur, monsieur le chevalier Rodolphe, la place de chasseur que tu remplissais avant d'aller faire tes caravanes en mer..... Toi, ma fille....

EMELINE.

Oh ! moi, je suis pour le service particulier de madame la comtesse, et de mademoiselle Sydonie, sa fille, qui est si bonne, si bonne....

BUZMANN.

Emeline, n'oubliez pas qu'après le déjeuner de monseigneur vous avez affaire dans le parc avec vos jeunes compagnes et ces bons villageois, afin de disposer la petite fête impromptu préparée par moi, depuis si long-temps, pour célébrer l'arrivée de nos maîtres, et surtout celle de l'aimable Sydonie qui, dit-on, (*confidentiellement*) va faire un grand mariage. (*Maurice fait un mouvement que Ludwig contient.*)

EMELINE.

Un grand mariage ? ça doit être bien beau ! Car un petit, c'est déjà si joli !

BUZMANN.

C'est bon, c'est bon, mademoiselle, ça ne vous regarde pas encore. Songez plutôt à ce que je vous ai recommandé.

EMELINE.

Oh ! soyez tranquille, mon père, j'ai déjà pensé à tout ; les guirlandes de fleurs sont prêtes, on a tracé les inscriptions d'amour..... Car le mariage ne doit pas aller sans cela, je pense ? Enfin, nous n'avons plus que les bouquets à cueillir; les jardins ne manquent pas de fleurs, et nous de bonne volonté.

BUZMANN.

Bien, mais ne perdez pas de temps : allez. (*A Maurice.*) Toi, Maurice, ne t'éloigne pas ; Ludwig, reste un moment, et vous autres, partez.

(*Emeline et les villageois s'éloignent de divers côtés; Maurice, resté le dernier, fait un signe d'intelligence à Ludwig, et sort en saluant respectueusement Buzmann qui le suit des yeux.*)

SCÈNE II.
BUZMANN, LUDWIG.

BUZMANN.

La tournure de ce garçon me reviendrait assez..... Mais cependant il a un air soucieux, inquiet même, qui.... Ludwig, où as-tu connu Maurice ?

LUDWIG.

En mer, où nous nous sommes rendus mutuellement quelques services. Il était sur le même vaisseau que moi, sous les ordres du jeune et vaillant capitaine Ernest Steimber.

BUZMANN.

Ernest Steimber ! Garde-toi bien de prononcer ce nom ici.

LUDWIG.

Eh ! pourquoi donc ça, M. Buzmann ? mon capitaine était brave, honnête, généreux.

BUZMANN.

Je ne dis pas non; mais ignores-tu que cet Ernest Steimber osa dans le temps élever ses vues jusqu'à la fille du comte de Meindorff, pendant un séjour que mademoiselle Sydonie fit au château d'une de ses tantes, noble baronne s'il en fut jamais, mais qui avait les goûts un peu roturiers, et recevait des riches marchands, des artistes dans sa société...

LUDWIG.

Ils en valent bien d'autres.

BUZMANN.

Ne sortons pas de la question. — Ce jeune présomptueux donc, fier de quelques avantages, porta la témérité jusqu'à faire demander la noble demoiselle Sydonie en mariage.

LUDWIG.

Voyez le grand malheur ! il est jeune, aimable, immensément riche monsieur Ernest....

BUZMANN.

C'est quelque chose. — Mais il n'est pas noble, et monsieur le comte, issu d'une des plus illustres familles de l'Allemagne, est trop fier de sa naissance pour accorder sa fille au fils d'un simple marchand.

LUDWIG.

Il a tort: le jeune Ernest a rendu de grands services à sa patrie, il doit aller à tout; et son immense fortune aurait pu servir à réparer celle de monsieur le comte qui a été un peu délabrée par le grand état de maison qu'il a été obligé de tenir à la cour du prince régnant, et surtout par les prodigalités de son fils monsieur le chevalier Rodolphe, qui, m'a-t-on dit aussi, joint à une assez mauvaise conduite, un orgueil qui ne le cède en rien à la fierté de son père....

BUZMANN, *bas.*

Chut! il est vrai que la fortune de monsieur le comte est un peu dérangée, et qu'un peu d'aide lui ferait grand bien.— Mais n'importe, il a préféré l'ennui de s'ensevelir quelques années dans ce vieux château avec sa famille afin d'y mettre ordre à ses affaires, par la plus stricte économie, à la honte d'avilir son nom par une mésalliance.

LUDWIG.

Sottise!

BUZMANN.

Heim! qu'osez-vous dire? j'approuve, moi, ce noble orgueil de monsieur le comte, je le partage même.... Car tel que vous me voyez, monsieur Ludwig, je suis fier aussi.

LUDWIG, *riant.*

Et de quoi, bon dieu?

BUZMANN.

D'être intendant...

LUDWIG.

Il n'y a pas de quoi.

BUZMANN, *continuant.*

De l'illustre maison de Meindorff, et certainement jamais ma fille....

LUDWIG, *en confidence.*

Et si, par hazard, elle aimait?

BUZMANN.

Cela n'est pas possible; elle sait trop bien qu'une fille dignement élevée, ne peut avoir d'inclination sans l'autorisation de ses parens.

LUDWIG, *avec ironie.*

Vrai?... (*bas.*) On dit cependant que mademoiselle Sydonie ne fut pas trop indifférente pour monsieur Ernest.

BUZMANN.

Calomnie! Et la preuve c'est qu'elle va en épouser un autre...

LUDWIG.

Qui ?

BUZMANN, *avec importance.*

Ah ! par exemple, voilà ce qu'il ne m'est pas permis de vous dire, parce que....

LUDWIG.

Vous ne le savez pas.

BUZMANN.

Je ne sais pas ? je ne sais pas ?... Vous êtes plaisant avec votre je ne sais pas, monsieur ; je sais tout, je sais tout ! et je sais aussi que monsieur le chevalier Rodolphe depuis son retour de l'armée, plus jaloux de la gloire de sa famille que son père lui-même, sur lequel il a le plus grand empire comme unique héritier de son nom, n'a jamais voulu entendre raison sur cet Ernest, et que sans connaître, sans avoir jamais vu cet obscur prétendu de sa sœur, il lui a juré une haîne... qui aurait sans doute amené quelque catastrophe à la première rencontre si, depuis environ six mois, on n'eût plus entendu parler de cet homme sans nom, sans rang, sans rien.

LUDWIG.

Il a des millions, vous dis-je...

BUZMANN.

Des millions... C'est assez noble ça, et si son nom eût seulement figuré dans l'almanach de la cour.

LUDWIG.

Mais, monsieur Buzmann...

BUZMANN.

Mais, monsieur Ludwig, en voilà assez !... Songez que vous appartenez à monsieur le comte de Meindorff ; et si vous voulez conserver mon estime et la protection que j'accorde à vous et à votre camarade, méritez mes bontés par votre zèle, votre dévouement, et surtout en flattant les desirs et les goûts de vos nobles maîtres, et de leur très-honoré intendant, entendez-vous ? Allez retrouver votre camarade Maurice, jusqu'à ce que je vous appelle ; allez, monsieur Ludwig.

(*Ludwig veut répliquer, Buzmann lui ordonne de se retirer ; Ludwig sort en saluant respectueusement l'intendant, mais en se moquant de lui en arrière.*)

SCÈNE III.

BUZMANN, *seul.*

Ces petites gens-là, quand ça a un peu voyagé, ça croit tout savoir, ça fait les philosophes ! Je lui ferai voir du pays, moi, et certainement... Ah ! voilà monseigneur.

(*Il va au devant du comte en faisant force révérences, auxquelles le comte ne fait pas attention.*)

SCÈNE IV.

BUZMANN, LE COMTE.

BUZMANN, *en arrière du comte et suivant ses pas.*
Monseigneur est déjà levé? Monseigneur a-t-il bien dormi?... Comment se porte monseigneur?

LE COMTE, *sans le voir.*
Qu'il est cruel de passer tout-à-coup des grandeurs brillantes de la cour, à l'obscurité de la retraite!... il m'en coûte ; mais il faut céder à la nécessité ; heureux, si je puis conserver à mon fils le rang de ses ancêtres!...

BUZMANN, *s'inclinant plus profondément et se rapprochant du comte pour en être aperçu.*
Je suis aux ordres de monseigneur.

LE COMTE.
Ah! c'est vous, Buzmann!... Veuillez faire dire à madame la comtesse et à ma fille, que je les attends dans ce salon, où le chevalier mon fils va se rendre.

BUZMANN.
Oui, monsieur le comte.

LE COMTE.
Vous pourrez me présenter ensuite les deux jeunes gens que vous avez retenus pour mon service...

BUZMANN.
Oui, monsieur le comte.

(*Il s'éloigne en saluant de nouveau profondément, et heurte en sortant Rodolphe, qui paraît au fond; Buzmann interdit, lui fait mille excuses, et sort.*)

SCÈNE V.

LE COMTE, RODOLPHE.

RODOLPHE.
Calmez vos inquiétudes, mon père, la fortune et la gloire peuvent encore devenir notre partage.

LE COMTE.
Que voulez-vous dire, mon fils ?

RODOLPHE.
Je viens d'apprendre que le prince de Rosenthal doit arriver dès demain, dans ce château.

LE COMTE.
Demain !

RODOLPHE.
Vous connaissez la vive passion qu'il éprouve pour Sydonie. Espérant que le séjour tranquille de la campagne, la rendra favorable à ses vœux, le prince vous prie d'excuser sa vive impatience, et d'agréer sa visite, en lui permettant d'offrir à

votre fille, sa fortune et sa main. La faveur du souverain, dont il est le favori, une place importante qui vous est destinée à la cour, et une compagnie aux gardes pour moi: tels seront les premiers gages de cet heureux hymen.

LE COMTE.

Ils combleraient tous mes vœux! mais, Rodolphe, vous connaissez l'éloignement que Sydonie témoigne pour ce mariage?

RODOLPHE.

Résistera-t-elle à des avantages aussi brillans?

LE COMTE.

Je le crains.

RODOLPHE.

Vos ordres ne suffiront-ils pas alors pour la déterminer?

LE COMTE.

La contrainte...

RODOLPHE.

Est nécessaire quelquefois?

LE COMTE.

Elle est bien cruelle pour un père.

RODOLPHE.

Elle devient un devoir pour le chef d'une famille illustre, lorsque la gloire de sa maison peut en dépendre.

LE COMTE.

La tendresse que la comtesse a pour sa fille?

RODOLPHE, *avec une amère ironie.*

Voilà donc ce que vous opposez au sort de notre avenir? la tendresse aveugle d'une mère... la faiblesse d'une femme!...

LE COMTE, *avec sévérité.*

Mon fils, oubliez-vous que cette femme est mon épouse, et que Sydonie est votre sœur?

RODOLPHE.

Ma sœur!... Ah!... Pourquoi le même sein ne nous a-t-il pas portés? elle eût puisé dans celui qui me donna la vie, des sentimens plus dignes de sa naissance... Mais votre seconde épouse ne voit, ne connaît que sa fille...

LE COMTE, *avec fierté.*

Rodolphe...

RODOLPHE, *voulant vainement se modérer.*

Pardon, mais vous me faites oublier quelquefois que je parle au comte de Meindorff.

LE COMTE, *avec bonté.*

A votre père...

RODOLPHE.

C'est à ce titre glorieux, que je réclame de lui tous les droits de ma naissance.

Sydonie. 2

LE COMTE.

Vous ne me les verrez jamais compromettre.

RODOLPHE, *avec une intention marquée.*

Et si cette sœur, dont vous craignez tant de contrarier les inclinations, avait conservé pour cet Ernest Steimber...

LE COMTE, *agité.*

Pouvez-vous le penser, Rodolphe! Songez au sang qui coule dans les veines de Sydonie! (*avec un mouvement de fureur.*) Ah!... si jamais!... Mais non, non! cela est impossible!

RODOLPHE.

Apprenez que ce présomptueux marchand, débarqué dernièrement à Trieste, a reparu dans ces contrées; que plusieurs fois il a parlé de Sydonie, comme d'une femme qui devait lui appartenir un jour, et qu'il s'est vanté de forcer l'orgueil de la famille de Meindorff à céder à l'empire de ses richesses.

LE COMTE.

Dieu! à quel opprobre serais-je réduit...

(*Avec un mouvement violent, après un moment de silence et d'agitation.*) Mon fils! demain, Sydonie sera l'épouse de Rosenthal.

(*Rodolphe satisfait, témoigne sa joie, et le comte est à peine remis de son agitation, que la comtesse paraît suivie de Sydonie triste et pensive: la démarche de la comtesse est noble et tranquille.*)

SCÈNE VI.

LE COMTE, LE CHEVALIER, LA COMTESSE, SYDONIE.

LE COMTE.

Mes amis, nous voilà réunis dans cet antique manoir qui fut le berceau de notre famille; j'espère y trouver la fin de nos malheurs.

LA COMTESSE.

Je l'espère aussi, mon ami; ma fille et moi, nous ferons tout ce qui dépendra de nous pour adoucir vos chagrins, et pour vous rendre ce séjour agréable.

LE COMTE.

Madame la comtesse, et vous, Sydonie, il n'est pas besoin je crois, de vous rappeler la noblesse de notre origine? l'ancienneté de notre maison? (*Rodolphe fait un mouvement d'orgueil et va parler.*) Ne m'interrompez pas, Rodolphe. (*Continuant.*) L'Allemagne en connaît peu d'aussi illustre. (*A ses enfans.*) Je crois vous avoir transmis, avec mon sang, des sentimens qui en sont dignes; si l'un de vous osait jamais!.... (*Il regarde Sydonie, qui baisse les yeux en tremblant.*) Mais je sais vous connaître, et je vous rends justice; ainsi je ne vous déguiserai pas plus long-temps notre situation, mes desseins et les sacrifices que j'attends, que j'exige de vous.

(*Sydonie fait un mouvement; sa mère lui prend la main avec une inquiète sollicitude; Rodolphe dirige sur elle un regard scrutateur.*)

LA COMTESSE, *avec inquiétude.*

Parlez, monsieur le comte; n'avons-nous pas renfermé dès long-temps tous nos devoirs dans une aveugle soumission à vos désirs?

LE COMTE.

Je me suis retiré avec vous dans ce château, le seul bien qui me reste de l'immense fortune de mes pères!... Encore doit-il appartenir un jour à ma fille Sydonie, dont à sa naissance, et par l'acte de mon second hymen, il est devenu l'héritage.

(*Rodolphe réprime avec peine un signe de colère et d'envie; Sydonie va parler, sa mère la prévient.*)

LA COMTESSE.

Ah! mon ami, le bien de ma fille n'est-il pas le vôtre?

(*Sydonie saisit avec émotion la main de son père, et la couvre de baisers, en signe d'assentiment, semblant dire: ma mère exprime toute ma pensée.*)

LE COMTE.

Je me plais à croire à l'amitié de ma fille; mais j'exige d'elle encore davantage. (*L'inquiétude de Sydonie augmente.*) Elle ne voudrait pas voir la honte couvrir les cheveux blancs de l'auteur de ses jours?... Il n'est qu'un moyen pour rétablir notre fortune et maintenir notre gloire... Ce n'est ni le lieu, ni l'instant de m'opposer des réflexions, nous devons tous songer à réunir nos efforts pour prévenir la chute de notre maison... Ma fille, ma Sydonie, tu peux nous sauver d'un seul mot... Refuserais-tu de le prononcer? Le doute serait une injure pour toi... Il faut donc qu'un brillant mariage... (*Sydonie vivement émue, regarde sa mère, n'ayant pas la force de répondre; le comte continue.*) Déjà il vous a été offert.

LA COMTESSE, *avec surprise, et trompée sur la pensée du comte.*

Monsieur le comte, est-ce du jeune et riche Ernest Steimber que vous voulez parler?

(*Rodolphe et le comte, frappés de ce nom, témoignent leur indignation secrète.*)

LE COMTE, *avec force.*

Il est donc vrai, madame?... vous avez nourri dans l'âme de votre fille un coupable sentiment!...

LA COMTESSE, *avec dignité.*

Arrêtez, monsieur, jamais je n'ai parlé d'Ernest, depuis le moment où vous rejetâtes les propositions qu'il vous fit faire par la baronne ma sœur... Mais habituée à lire dans le cœur de ma fille, à y suivre ses moindres mouvemens, j'ai vu que le sentiment qu'il y avait fait naître, n'était pas éteint...

(*Nouveau mouvement de Rodolphe et du comte, la colère se peint dans tous leurs traits.*)

LE COMTE.

Ainsi ma fille, la fille du comte de Meindorff aurait osé faire un choix si peu digne d'elle, de moi, de toute sa famille? Non, non, je ne puis encore le penser.

(*Sydonie tremblante, baisse les yeux et semble dire : mon père, je dois vous avouer.*)

LE COMTE, *avec fureur.*

Je ne puis en entendre davantage....

LA COMTESSE, *conservant le calme et la dignité.*

Monsieur le comte, avant de prononcer sur le sort de votre fille et sur le mien, daignez me faire la grâce de m'écouter avec calme... Notre maison est ancienne, mais elle est pauvre : combien de familles aussi respectables, et peut-être plus anciennes que la nôtre, se sont trouvées dans la même position ? Voyons l'expédient qu'elles ont pris, et profitons de leur exemple : on a cherché des partis dans la finance ou dans le commerce ; on a donné des titres ; on a reçu de l'or ; un parti s'est ennobli en enrichissant l'autre, et tous les deux se sont trouvés à-la-fois riches, nobles et heureux. Le fils d'un des plus riches négocians de cette contrée, aime dès long-temps Sydonie, il l'a fait demander en mariage ; vous la lui avez refusée avec une hauteur révoltante.... Il s'est retiré en silence ; mais il n'a pas cessé d'adorer votre fille ; et je sais que Sydonie a été sensible à cet outrage, qu'elle a gémi de votre refus.... Je ne vous cacherai rien.... Elle l'aime, et le bonheur de sa vie dépend de votre consentement !

LE COMTE.

Mon consentement !... Dussions-nous rester dans la plus profonde misère, jamais ce mariage disproportionné ne s'accomplira....

(*Satisfaction de Rodolphe ; douleur de Sydonie.*)

LA COMTESSE.

Ah! monsieur le comte, soyez témoin de ma douleur et de ses larmes.... Puis-je vous voir, sans regrets, en proie à des préjugés dont nous allons tous être les victimes ? Vous craignez d'allier votre noblesse et votre indigence avec la fortune d'un homme plein d'honneur ? Ce jeune négociant, dont vous dédaignez l'alliance, a sa noblesse aussi, il a un nom, de la célébrité.... Il répand autour de lui l'abondance et le bonheur, des milliers d'êtres vivent de ses bienfaits, les mers sont couvertes de ses vaisseaux ; il sert puissamment par son commerce étendu, et sa patrie et son prince; il doit à sa vigilance, à ses talens, à lui même tout ce qu'il possede, et il fut toujours enfin, par sa conduite, par son génie, au rang des hommes qui honorent l'état qu'ils professent.

LE COMTE, *outré de colère.*

Madame, je ne puis écouter plus long-temps ce langage insensé! Et c'est la comtesse de Meindorff qui ose le tenir devant moi! Ah! ma fille me paraît plus excusable, puisqu'elle a pu trouver de telles leçons dans sa mère: mais je saurai y mettre un terme, et rendre ma fille à son devoir... Je vous ai fait connaître, madame, mon irrévocable volonté, je n'ajouterai plus qu'un mot: un autre a été choisi pour devenir l'époux de ma fille; et demain, l'hymen l'unira au prince de Rosenthal.

(*A cette nouvelle, Sydonie jette un cri et se cache dans les bras de sa mère, presque aussi émue qu'elle, mais opposant une contenance calme à l'emportement du comte et à la colère du chevalier.*

La présence de Buzmann, qui paraît au fond, avec Ludwig et Maurice, entourés d'autres serviteurs, et suivis d'Emeline, coupe cette situation.)

SCÈNE VII.

LES MÊMES, BUZMANN, LUDWIG, MAURICE, *Valets.*

(*L'intendant s'avance entre Ludwig et Maurice; ce dernier cache avec peine l'émotion que lui cause la vue de Sydonie.*)

BUZMANN.

Monseigneur, d'après votre ordre, j'ai l'honneur de vous présenter les deux nouveaux serviteurs que votre excellence a demandés.

LE COMTE, *qui a repris avec peine l'apparence du calme.*

Il suffit. (*Les examinant.*) Pourquoi n'ont-ils pas encore ma livrée? Buzmann, vous aurez soin qu'ils en soient revêtus dès demain, pour l'arrivée du prince de Rosenthal.

BUZMANN.

Oui, monseigneur, grande et petite livrée.

(*Ludwig a paru surpris au nom du prince, et regarde Maurice qui, lui-même, a fait un signe d'étonnement.*)

LE COMTE, *allant vers les deux jeunes gens.*

Leur tournure me plaît. (*Désignant Ludwig.*) Celui-ci ne m'est pas inconnu?

BUZMANN.

C'est le fils d'un de vos fermiers, monseigneur, qui a déjà été au service de monsieur le chevalier avant son départ pour l'armée.

(*Rodolphe, qui a aussi reconnu Ludwig, ne semble pas fâché de le revoir, et lui fait un petit signe de protection.*)

BUZMANN, *continuant et désignant Maurice.*

Quant à l'autre, c'est un de ses camarades, arrivé avec lui, dont il m'a répondu, et que j'ai choisi de préférence, comme devant être plus au fait du service que de simples villageois.

(*Le comte fait signe à Buzmann de se retirer; ce dernier sort en ordonnant à Maurice et à Ludwig de s'approcher pour recevoir les ordres du comte.*)

SCENE VIII.

LES MÊMES, *excepté Buzmann.*

LE COMTE, *à Ludwig et à Maurice.*

Fort bien. Dès ce moment, vous êtes à moi. Mes amis, méritez par votre zèle et votre dévouement l'attachement de vos maîtres, et vous n'aurez pas à vous plaindre de votre condition.

(*Ludwig se confond en remercîmens pour le bon accueil qu'on lui fait, en poussant de temps en temps Maurice, qui ne cesse de porter les yeux du côté de Sydonie restée accablée auprès de sa mère, et comme étrangère à ce qui se passe autour d'elle.*

Le comte est forcé de renouveler à Maurice l'ordre de s'éloigner. Celui-ci cherche à se remettre et s'incline respectueusement devant le comte, au moment où Buzmann reparaît au fond, avec Emeline qui est curieuse de voir comment on a reçu ses protégés.)

SCENE IX.

LES MÊMES, BUZMANN, EMELINE.

MAURICE, *très-ému.*

Ah! monsieur le comte, obtenir le bonheur de vous plaire est mon seul désir!

(*Le comte lui répond par un signe gracieux, en s'éloignant avec Rodolphe pour donner des ordres au fond, tandis que Sydonie, frappée de la voix qu'elle vient d'entendre, sort de son accablement.*)

SYDONIE, *à part, avec la plus vive surprise.*

Dieu! qu'entends-je? Ernest!....

(*Elle retombe accablée dans la plus vive agitation, craignant de perdre son amant en le faisant connaître. Le comte attiré par ce cri, redescend la scène avec Rodolphe, et interroge d'un regard sa fille qui, tremblante, reste immobile; la comtesse est inquiète, Maurice est resté à l'entrée, au fond, retenu par Ludwig ; ils sortent avec Buzmann et les autres valets.*)

SCENE X.
RODOLPHE, LE COMTE, LA COMTESSE, SYDONIE.

LE COMTE, *après un moment de silence.*

Suivez-moi, Rodolphe ; vous, madame, vous m'avez entendu, ne quittez pas votre fille... et que je la trouve disposée bientôt à m'obéir.

LA COMTESSE.

Monsieur le comte, ma fille saura se soumettre à ses devoirs quelques pénibles qu'ils soient ; et moi-même, après avoir réuni mes prières aux siennes, pour vous supplier de ne point contraindre son choix, si nous ne pouvons vous fléchir, je joindrai mes ordres aux vôtres pour lui prescrire l'obéissance à son père.

(*Le comte satisfait s'éloigne d'un côté avec Rodolphe, de l'autre Ludwig retient Maurice qui reparait au fond et veut s'avancer, tandis que Sydonie, en avant auprès de sa mère, lui dit d'une voix affaiblie qu'il lui est impossible d'obéir.*

Elle n'ose regarder du côté d'Ernest, de crainte de se trahir, et sort avec la comtesse ; tous sortent de divers côtés excepté Ernest et Ludwig.)

SCENE XI.
ERNEST, LUDWIG.

ERNEST, *suivant Sydonie des yeux.*

(*D'une voix concentrée*) Sydonie ! Sydonie ! va ! je t'arracherai de leurs mains, j'en fais le serment !

LUDWIG.

Ah ! mon cher maître, j'ai frémi de l'impression que votre présence a faite sur l'intéressante Sydonie, j'ai vu l'instant où vous-même vous alliez tout révéler par votre imprudence.

ERNEST.

Les barbares, comme ils la traitent !... Et quel est son crime ? de m'aimer... Malgré eux je ferai son bonheur, le leur peut-être en les accablant de bienfaits, et je forcerai ces âmes insensibles à l'estime et à la reconnaissance ! Mais nous n'avons pas un instant à perdre pour mettre ma chère Sydonie à l'abri des persécutions que lui prépare son orgueilleuse famille ? et maintenant que, grâce à tes soins, je suis parvenu jusqu'auprès de cette amante adorée, malgré ses oppresseurs, je veux mourir avec elle ou la sauver.

LUDWIG.

Tâchons de ne pas mourir, monsieur ; la sauver et nous aussi, cela vaudra beaucoup mieux.— A la mort seule pas de remède, dit le proverbe... Voyons, réfléchissons un peu... Si je ne me trompe, ce prince de Rosenthal qu'on annonce ici, doit être le même que ce colonel allemand quelque temps au service de l'Angleterre, et auquel vous avez sauvé la vie dans un combat en Amérique.

ERNEST.

Je le pense.

LUDWIG.

Il paraît être en grande faveur ici, où il est attendu avec impatience. Si, par reconnaissance, il pouvait nous servir...

ERNEST.

Lui? Je le crois grand, généreux, capable d'une belle action.... Mais je tremble qu'il ne soit mon rival.

LUDWIG.

Ah! diable! cela ne vaudrait rien alors de s'adresser à lui... Allons, je vois que, quelles que soient les difficultés, il faut penser de suite à notre premier projet.

ERNEST.

Eh! qui pourrait y mettre obstacle? De quel droit me disputerait-on un bien qui m'appartient par les lois, par l'honneur, par l'amour.

LUDWIG.

Sans doute ; mais, monsieur, pourquoi ne pas déclarer hautement votre hymen secret avec Sydonie? C'est un argument sans réplique, auquel ses parens n'auront rien à répondre.

ERNEST.

Je tremble de leur dévoiler ce secret avant de l'avoir mise à l'abri de leurs coups: ils seraient capables de la sacrifier à leurs ressentimens! Ah! ce qui devrait peut-être ranimer mes espérances accroît mon désespoir et me fait tout redouter pour Sydonie! quand ce père orgueilleux, quand ce frere implacable auront appris qu'uni secrètement avec Sydonie dans le château de la baronne d'Ornhelm, sa tante, qui protégeait notre amour, un gage de notre hymen respire dans le sein de mon épouse.. Vois-tu leur colère éclater? et la malheureuse Sydonie devenir la victime de leur aveugle fureur!

LUDWIG.

Je ne vois pas les choses sous un aspect aussi triste que vous, monsieur; des parens pourraient-ils pousser aussi loin la barbarie? Non, le premier mouvement de l'orgueil outragé peut vous être contraire ; mais la raison, la nature, les rameneront à des sentimens plus humains... Le mal étant sans remède... Si vous avez un rival, que diable! il ne pourra pas épouser votre femme, et il faudra bien qu'on vous accorde de bonne grâce un bien que vous possédez déjà.

ERNEST.

Ah! j'ai tout à craindre de Rodolphe. As-tu vu quels regards de haine il jetait sur sa sœur? Il peut tout sur l'esprit de son père... Dès sa plus tendre enfance, il a détesté Sydonie : son insatiable ambition craignait de partager avec elle l'héritage de ses ancêtres, et s'il le peut, il la perdra. Odieux Rodolphe!.... Ah! je te hais autant que j'aime Sydonie.

LUDWIG, *qui a regardé au fond, ayant entendu du bruit.*

Modérez-vous, monsieur, et reprenez bien vite votre rôle de valet... Car voilà la petite Emeline qui vient de ce côté.

ERNEST.

Je te laisse avec elle et je vais donner mes ordres à l'homme de confiance qui m'attend dans l'avenue : ma voiture et mes gens s'approcheront à la nuit, jusques dans le petit bois près du château, afin que tout soit préparé pour notre départ, si, comme je dois l'espérer, l'infortunée Sydonie consent à suivre son époux. (*Il sort par le fond.*)

SCENE XII.

EMELINE, LUDWIG.

EMELINE.

Monsieur Ludwig, où va donc comme cela votre camarade, monsieur Maurice? il a l'air bien agité.

LUDWIG.

Oh! c'est l'ardeur qu'il met dans son service. (*S'approchant d'elle et la regardant bien tendrement.*) J'en aurais beaucoup aussi, mademoiselle Emeline, si deux beaux yeux comme les vôtres, me donnaient des ordres à remplir...

EMELINE.

Oh! des yeux comme les miens ne commandent pas, ils prient quelquefois....

LUDWIG.

Ils n'en ont que plus d'empire... Mais votre père défend de les regarder....

EMELINE, *d'un petit air boudeur et baissant les yeux.*

De les lever même....

LUDWIG.

Il a la fierté de cette maison monsieur l'intendant.

EMELINE.

Notre bailli dit que c'est un mal qui se gagne, et pourtant ça ne me gagne pas du tout moi.

LUDWIG.

Vrai?

EMELINE.

Oh! bien vrai.

Sydonie.

LUDWIG.

Dans notre enfance, votre père nous laissait causer ensemble tout à notre aise; je vous appelais ma petite femme, mademoiselle Emeline.

EMELINE, *avec timidité.*

Oh! je m'en souviens... Je vous nommais mon petit mari, monsieur Ludwig. (*Buzmann paraît au fond.*)

LUDWIG.

Je prenais quelquefois cette jolie main.

EMELINE.

Et moi je la laissais prendre, sans trop me faire prier.

LUDWIG.

Je la baisais avec transport...

(*Il va pour prendre et baiser la main d'Emeline, mais Buzmann s'est avancé doucement derrière eux, et c'est la main du père que baise Ludwig.*)

SCENE XIII.

LES MÊMES, BUZMANN.

BUZMANN.

Alte-là! s'il vous plait!

EMELINE.

Mon père!

LUDWIG, *se sauvant.*

Le diable!

BUZMANN, *à sa fille.*

C'est donc pour venir causer ici avec les gens de monseigneur que vous quittez vos compagnes; je vous avais défendu de communiquer avec la livrée?

EMELINE.

Ludwig n'en a pas encore; et puis c'est le fils de votre ancien ami.

BUZMANN.

Il n'y a plus d'amis, mademoiselle, quand on est en place.

EMELINE.

Mais pourtant, mon père...

BUZMANN.

Paix, petite raisonneuse! Allons qu'on retourne dans le parc, qu'on ne quitte plus les villageoises qu'on est chargé d'y surveiller, et qu'on m'y attende.

EMELINE.

J'y vais, mon père. (*A part en sortant*) Je suis bien sûre que Ludwig viendra m'y rejoindre. (*Arrivée au fond, elle trouve Ludwig qui veut la suivre; Buzmann arrête le valet. Emeline sort seule.*)

SCÈNE XIV.

BUZMANN, LUDWIG.

BUZMANN.

Un moment s'il vous plaît, monsieur Ludwig; nous avons à compter ensemble.

LUDWIG.

Me voilà prêt à recevoir vos ordres, monsieur Buzmann.

BUZMANN.

Avez-vous oublié celui que je vous ai donné de ne point parler à ma fille ?

LUDWIG.

C'est un ordre impossible à exécuter celui-là.

BUZMANN.

Point d'obéissance, point de place chez monseigneur.

LUDWIG.

Point d'Emeline, point de bonheur pour Ludwig.

BUZMANN.

Comment, monsieur, vous osez me dire en face ?...

LUDWIG.

Que j'adore votre fille. Et à qui le dirais-je donc, puisque c'est en tout bien, tout honneur, et que je prétends qu'un bel et bon mariage...

BUZMANN.

Un mariage ! juste ciel ! Qui êtes-vous donc, monsieur, pour oser prétendre à la main de ma fille ?

LUDWIG.

Un bon garçon, qui promet de devenir un bon mari, et un bon père le plutôt possible.

BUZMANN.

Croyez-vous que la fille d'un intendant, la petite-fille d'un bailli, l'arrière-petite-fille d'un percepteur d'impôts, sans compter les branches collatérales, où il se trouve aussi des personnes très-recommandables, soit pour vous, monsieur Ludwig ?

LUDWIG.

Pourquoi pas ?

BUZMANN.

Eh ! quels sont vos aïeux à vous, monsieur Ludwig ?

LUDWIG.

D'honnêtes gens.

BUZMANN.

Ce n'est pas cela que je vous demande. Comptez-vous parmi eux quelques personnages marquans ? un intendant ? un bailli ? un percepteur ? un homme d'affaires seulement ?

LUDWIG.

Je vous ai dit que c'étaient d'honnêtes gens.

BUZMANN.

C'est bien différent... Ainsi donc je conclus : point de parité d'état et de biens, point de mariage. Adieu. (*Il va pour sortir lorsque Emeline revient en courant.*)

SCENE XV.

LES MÊMES, EMELINE.

EMELINE.

Mon père! mon père! Voici un courrier tout galonné, arrivant au grand galop avec des papiers importans, dit-il; il a demandé à voir monsieur le comte de la part de monseigneur le prince de Rosenthal, il vous attend pour le présenter.

BUZMANN.

C'est le devoir de ma charge, j'y vais.

(*Il sort en faisant passer brusquement sa fille devant lui, et menaçant Ludwig qui trouve cependant moyen, sans être vu du père, de faire quelques signes d'amitié à la fille.*)

SCENE XVI.

LUDWIG, seul.

Vous verrez que si je veux l'avoir, je serai forcé de l'enlever aussi... J'entends la voix de mon maître. (*Allant regarder.*) C'est lui, il est avec mademoiselle Sydonie... Ils paraissent causer avec agitation; ils viennent de ce côté... Retirons-nous, pour ne point troubler un entretien qui va décider de leur bonheur, et pour veiller à ce que personne ne puisse les interrompre. (*Il s'éloigne en regardant Ernest et Sydonie qui s'avancent en parlant vivement*).

SCENE XVII.

ERNEST, SYDONIE.

SYDONIE, très-émue.

Oui, je te le répète Ernest, quitte, quitte ces lieux! ta présence ici, les dangers que tu cours, mettent le comble à mes inquiétudes.

ERNEST.

Ma présence en ces lieux doit te rassurer, chère Sydonie : bientôt tu ne craindras plus rien!

SYDONIE.

Ah! c'est pour toi que je tremble!

ERNEST.

Je viens te soustraire à la persécution, mon déguisement rend tout possible... Partons, dérobe-toi à tes tyrans, et sous un ciel plus heureux, allons goûter le bonheur réservé à l'amour le plus pur.

SYDONIE.

Moi, quitter ma famille? abandonner mon père! laisser ma mère livrée à la fureur d'un époux irrité...

ERNEST.

Il le faut.

SYDONIE.

Non! assez coupable déjà, je n'aggraverai pas encore mes fautes, et je ne quitterai pas la maison paternelle.

ERNEST.

Le moment fatal approche.

SYDONIE, *avec désespoir.*

Avant ce moment terrible, je ne serai plus, peut-être.

ERNEST.

Que dis-tu, Sydonie? ton existence t'appartient-elle? et ne la dois-tu pas à l'être infortuné....

SYDONIE.

Arrête, Ernest! garde-toi de prononcer ce nom sacré que bientôt je vais recevoir... Il redouble mes allarmes, ainsi que l'amour que j'ai pour toi... Mais ne crois pas que cet amour me fasse entreprendre rien de contraire à ce que je dois à des parens que j'ai trop outragés; il sera éternel, indissoluble comme le lien qui nous unit; mais je n'irriterai pas davantage ceux que je dois honorer et chérir, en fuyant honteusement!

ERNEST.

Sydonie, pourquoi ajouter à nos malheurs?... Vois tous les maux que tu nous prépares, l'abîme affreux où ton obstination peut nous plonger. Ma chère Sydonie, consens à mes vœux, viens chercher un refuge entre les bras de ton époux... Si tu résistes, si tu veux te perdre et me voir périr, tu seras satisfaite... Mais, je te le jure, crains tout pour cette famille cruelle à qui tu veux me sacrifier; ma fureur ne connaîtra plus de bornes. Si ton père attentait à ta liberté, si ton frère osait... qu'ils tremblent!...

SYDONIE.

Mon père! grand Dieu! Tu oses le menacer? Eh bien! je cours me jeter à ses pieds, lui avouer mon crime... lui faire connaître qui vous êtes, vos coupables espérances...

ERNEST, *plus vivement.*

J'y cours avec toi! ce sera moi qui lui peindrai nos malheurs, notre amour; je lui demanderai la mort ou la confirmation de notre hymen; et s'il me refuse, alors n'écoutant plus que mon désespoir...

SYDONIE.

Cruel! veux-tu me voir expirer à tes pieds?

ERNEST.

Je veux te sauver ou mourir avec toi : dis un mot, et cette nuit même nous sommes hors de danger.

SYDONIE.

Non, non, je ne te le donnerai pas ce consentement funeste. Si tu m'aimes encore, j'exige que tu partes seul, sans te faire connaître, aujourd'hui, à l'instant même....

ERNEST.

Et toi, toi?

SYDONIE.

Je reste où mon devoir me retient.

ERNEST.

Je reste où la nature et l'amour m'enchaînent!

SYDONIE.

Ernest, crains, si tu rejettes ma demande...

ERNEST.

Qu'ai-je à craindre encore, si tu cesses de m'aimer?

SYDONIE.

Ne plus t'aimer? Ernest, peux-tu le croire?

ERNEST.

Si l'amour avait toujours le même empire sur ton âme....

SYDONIE.

Ah! si je t'aimais moins, aurais-je tant d'allarmes?

ERNEST.

Et tu m'ordonnes de te fuir, de me séparer de toi?...

SYDONIE.

Au nom du ciel, qui reçut nos sermens...

ERNEST.

Oui, rappelle-toi ces sermens que tu fis en sa présence; je suis plus que ton amant, tu me dois plus que de l'amour... Cesse de m'opposer une coupable résistance; je suis ton époux, Sydonie, je t'ordonne de me suivre!...

SYDONIE, *frappée de l'exaltation d'Ernest.*

Ernest, je t'en supplie!

ERNEST.

Qu'oses-tu me demander? de quel droit veux-tu briser le lien qui nous unit; moi-même, qu'ai-je besoin ici de prières, de supplications! Songe à tes devoirs, à mes droits. Tu veux que je m'éloigne de la maison de ton père? j'y consens; mais tu me suivras.... rien ne pourra me séparer de toi! Ton père! ton frère! ta famille, tout l'univers! doivent-ils me balancer dans ton cœur? Je ne te quitte plus tu que n'aies consenti à mes desirs! Suis-moi, suis un époux qui t'adore, qui craint pour ce qu'il a de plus cher au monde.

SYDONIE, *entraînée.*

Ah! c'en est fait, je suis à toi, ton épouse t'obéira! j'aban-

donné ma destinée à ce Dieu qui a reçu ma foi, qni a con-
sacré notre amour ! (*Elle se jette dans ses bras.*)

ERNEST.

Chère épouse !

SYDONIE, *effrayée, entendant du bruit.*

On approche....

ERNEST, *bas.*

Séparons-nous. Ce soir, à l'entrée de la nuit.... à neuf heures..... près la grille du parc....

SYDONIE.

J'y serai ! (*La comtesse paraît au fond, Ernest change tout-à-coup de ton, prend l'attitude soumise d'un valet, tient son chapeau à la main, et salue respectueusement.*)

ERNEST.

Pardon, mademoiselle, si j'ai dérangé votre solitude, je cherchais mon camarade Ludwig, et je ne savais pas que la noble fille de mon maître était dans ce salon. Je me retire. (*Il la salue de nouveau ainsi que la comtesse, devant laquelle il passe pour sortir.*)

SCÈNE XVIII.

SYDONIE, LA COMTESSE.

LA COMTESSE.

Ma fille, dans ce moment pénible, pourquoi quitter ta mère ? Tu dois avoir besoin de mes consolations.... Je viens joindre mes larmes aux tiennes, te plaindre; et après avoir inutilement tenté de t'arracher au coup qui te menace, te conjurer en pleurant d'obéir à ton père....

SYDONIE.

Mon père !.... qu'exige-t-il ?

LA COMTESSE.

Que si tu as eu la faiblesse d'aimer Ernest Steimber, tu aies la fermeté de l'oublier à jamais : à ce prix, il peut te pardonner encore.

SYDONIE.

Oublier Ernest ?

LA COMTESSE.

Il le faut ma fille ! Il vient pour la dernière fois de me faire signifier son irrévocable volonté, en m'ordonnant de t'annoncer qu'il va se rendre en ces lieux, pour t'y soumettre.. Le sort cruel qui semble te poursuivre, ne te donne pas même le pouvoir de te familiariser avec le malheur..... Aujourd'hui....

SYDONIE.

Aujourd'hui !

LA COMTESSE.

Un courrier du prince de Rosenthal vient d'apporter l'acte qui doit préparer ton union avec ce seigneur; et ton père veux que tu le signes à l'instant même.

SYDONIE.

Dieu!

LA COMTESSE.

Il ne te reste qu'à obéir.

SYDONIE.

Je ne le puis.

LA COMTESSE.

Il le faut.

SYDONIE.

Ernest!

LA COMTESSE.

Tu dois n'y plus songer; l'hymen qui t'est offert est honorable sous tous les rapports.... Ma fille, une plus longue résistance te rendrait coupable.

SYDONIE.

Apprenez.... (*Effrayée de ce qu'elle va dire.*) Non, non, mon secret doit mourir dans mon cœur.

LA COMTESSE, *regardant attentivement.*

Ma fille, que veut dire ce nouveau trouble?.... Sydonie, une mère tendre qui vous conseille doit être écoutée..... Si vous lui résistiez plus long-temps, vous me forceriez à commander avec rigueur.... Allons, ma fille, du courage!.... Que je te sache gré de ton obéissance.... Vous vous taisez?... Votre agitation semble augmenter?

SYDONIE.

Ah! ma mère! par pitié!

LA COMTESSE.

Quel est donc ce mystère? Auriez-vous à me confier quelque secret plus fatal que la passion qui vous domine?

SYDONIE.

Ne m'interrogez pas! (*A part.*) Ah! je sens que je ne pourrais résister à ma mère.... Le funeste secret échapperait de mon cœur.... Fuyons plutôt....

LA COMTESSE, *la retenant.*

Restez, Sydonie! Parlez, expliquez-vous?

SYDONIE, *dont l'agitation s'accroît presque jusqu'à l'égarement, tombant à genoux.*

Grace! grace, ma mère! je suis indigne de vous....

LA COMTESSE.

Indigne de moi? je ne puis le croire.

SYDONIE.

Je m'attends à votre haîne....

LA COMTESSE.

La haine d'une mère!

SYDONIE.

Je mérite vos mépris....

LA COMTESSE.

Ma fille !... (*La relevant.*) C'est assez déchirer mon cœur par ces cruelles anxiétés.... Parlez, parlez ; je vous l'ordonne ?

SYDONIE.

Vous me l'ordonnez.... Eh bien ! (*Apercevant son père qui paraît au fond avec Rodolphe.*) Dieu ! mon père ! Je succombe ! (*Elle tombe dans un fauteuil en se couvrant la figure de ses mains.*)

SCÈNE XIX.

LES MÊMES, LE COMTE.

LE COMTE.

Eh bien ! madame la comtesse, votre fille est-elle prête à obéir ?

LA COMTESSE, *très-émue.*

Monsieur le comte, voyez sa pénible situation.

LE COMTE, *avec fermeté.*

Il est temps que la nôtre cesse. (*Prenant sa fille par la main et la conduisant vers une table où il a déposé des papiers et des parchemins.*) Plus de délais, Sydonie, signez cet acte déjà consenti par le prince de Rosenthal, qui demain sera votre époux.

(*Sydonie étonnée, confuse, égarée, sachant à peine ce qui se passe autour d'elle, s'est laissée conduire machinalement jusqu'à la table où l'acte est déployé. La comtesse est agitée, inquiète ; mais n'ose élever la voix.*)

SCÈNE XX.

LES MÊMES, RODOLPHE.

(*Rodolphe paraît au fond et s'avance vers son père ; il suit les mouvemens de sa sœur, en portant sur elle un œil menaçant, et lui indique l'endroit où sa signature doit être apposée.*)

LE COMTE.

Signez ! (*Il lui présente la plume, que Sydonie prend sans savoir ce qu'elle fait ; mais, à la vue de l'acte, elle revient tout-à-coup à elle, recule avec horreur, et jette la plume.*)

SYDONIE, *égarée.*

Non ! non !... je ne puis signer.

Rodolphe fait un geste menaçant.

Sydonie.

LE COMTE, *furieux*.

Malheureuse !

SYDONIE, *avec plus de force*.

Je ne puis le signer. (*Elle saisit l'acte qu'on lui présente, le déchire, et le jette à ses pieds.*)

LE COMTE.

Quelle audace ! (*La fureur de Rodolphe redouble.*)

SYDONIE, *plus égarée encore*.

Je deviendrais parjure, criminelle.....

LE COMTE, *mettant la main sur son épée*.

Criminelle ?

SYDONIE.

Oui ! (*Hors d'elle-même, et presque anéantie.*) Il le faut..... Apprenez donc.... Sachez... Je suis épouse et mère !

TOUS, *avec des sentimens différens*.

Grand Dieu !

LE COMTE, *au comble de la fureur, renversant Sydonie à ses pieds*.

Fille indigne ! reçois ma malédiction !

(*Il étend les mains sur sa fille accablée, terrassée; la mère l'arrête, Rodolphe dévoré par la rage, se contient avec peine, et semble vouer sa sœur à la plus horrible vengeance.*)

SCÈNE XXI.

LES MÊMES, ERNEST.

(*En ce moment, Ernest paraît au fond, au-delà des portes, et reste frappé d'étonnement à la vue du tableau qui s'offre à ses regards; mais, n'ayant rien entendu, il n'ose approcher de crainte de compromettre Sydonie.*)

LA COMTESSE, *avec un cri déchirant*.

Arrêtez, monsieur le comte, une mère au désespoir, vous en supplie !

Fin du premier Acte.

ACTE II.

Le Théâtre représente un parc; au fond, un monticule qui se perd à droite et à gauche. On distingue, plus en avant, à travers les branches d'un vieux arbre, une construction gothique à moitié ruinée. Sous une arcade, on aperçoit une porte basse dont l'entrée est obstruée par des broussailles.
En avant, à gauche, un banc de gazon; à droite, un canapé et des sièges de jardin, ombragés par des arbustes.

SCÈNE PREMIÈRE.

EMELINE, *Villageois, Villageoises.*

(*Les Villageois et Villageoises sont diversement grouppés au fond, les hommes recueillent des branches de feuillage et les rangent dans de grandes corbeilles; plus en avant, les femmes entourées de fleurs fraîchement cueillies, tressent des guirlandes: Emeline les imite, assise sur le banc de verdure : les guirlandes sont suspendus aux arbustes, au-dessus des sièges.*)

EMELINE, *se levant.*

Bien, mes amis.... Maintenant allez préparer ce feuillage et tressez ces guirlandes là-bas, sous l'allée des grands arbres; entendez-vous.... Moi, je vais attendre ici.... mon père.
(*Tous les Villageois et Villageoises s'éloignent.*)

SCÈNE II.

EMELINE, *seule.*

Quand je dis que je vais attendre mon père, c'est-à-dire que c'est Ludwig que je voudrais bien voir arriver... (*Elle regarde.*) Il ne vient pas. (*Revenant.*) Ne me voyant pas au château, il devrait bien deviner que je suis ici... Mais ces hommes! ces hommes! ça ne devine rien. Mon père m'a défendu de lui parler, à monsieur Ludwig, c'est vrai; mais de l'écouter, non; et je puis le faire sans désobéir... Mais est-il singulier mon père avec sa fierté de croire que monsieur Ludwig n'est pas fait pour moi? Il me semble qui si pourtant. (*Elle regarde.*) Ah! le voilà.... Ne faisons pas semblant de le voir et ne disons mot, pour me conduire en fille obéissante et soumise. (*Elle s'assied et tresse sa guirlande, en semblant fort occupée, mais en jetant des regards furtifs vers son amant.*)

SCÈNE III.

EMELINE, LUDWIG.

LUDWIG, *sans voir Emeline.*

C'est près de la grande allée que mon maître m'a dit d'aller l'attendre... C'est aussi dans ce lieu qu'on doit donner la fête.... Je n'en suis pas fâché... Ces jeux, ces danses pourront, en détournant l'attention, servir le projet hardi qu'il a conçu... (*Il réfléchit.*)

EMELINE.

Il paraît que ce n'est pas moi qu'il cherche monsieur Ludwig ! A quoi pense-t-il donc là ?...

LUDWIG, *toujours à part.*

Je ne sais, mais je ne suis pas fort tranquille : si nous étions découverts, nous jouerions gros jeu.

EMELINE, *à part.*

Voyez s'il me répondra seulement... Faisons connaître que nous sommes là. (*fredonnant.*)
« Un jeune et volage berger
» Délaissait gentille bergère.

LUDWIG, *à part.*

C'est Emeline... (*Haut s'approchant.*) Ah ! vous voilà, mamzelle Emeline ? Que je suis aise de vous rencontrer ! (*Emeline qui boude, lui tourne le dos, et fait semblant de ne pas l'entendre.*)

EMELINE, *chantant.*
» L'indifférence doit déplaire,
» Et l'on sait comment s'en venger. »

LUDWIG.

En fait d'indifférence, mamzelle Emeline, ce n'est pas Ludwig qu'il faut accuser : n'est-ce pas, mamzelle ? (*Elle se tait ; la faisant tourner doucement.*) Pourquoi ce silence, ma chère Emeline ? tu ne dis mot ! (*Riant.*) Ah ! mon dieu ! quel malheur ! serais-tu devenue muette ?

EMELINE, *qui ne peut plus se contenir.*

Oui, monsieur, je suis muette.... Pour vous, toujours.

LUDWIG, *riant.*

Je suis enchanté que tu me le dises toi-même, ça me rassure un peu... Parlons de nos affaires. (*Il s'assied à côté d'elle.*)

EMELINE.

Parlez tant que vous voudrez, vous ; mais je vous préviens que je ne puis rien répondre, mon père l'a défendu.

LUDWIG, *la cajolant.*

A-t-il défendu que je te regarde ?

EMELINE.

Je crois que non.

LUDWIG.

Que je baise ce joli bras rondelet ?

EMELINE.
Je crois que non, encore.

LUDWIG.
Que je presse ta main sur mon cœur ?

EMELINE.
Je ne sais pas.

LUDWIG, *plus pressant.*
Que je te dise : je t'aime, je t'adore !

EMELINE.
Ah ! Ludwig ; oui, je t'aime....

LUDWIG.
Tu m'as répondu.... Voici ta punition... (*Il l'embrasse.*) (*Ils se lèvent tous deux.*)

EMELINE, *s'essuyant la joue.*
Finissez, monsieur, c'est trop causer aussi... (*à part.*) Il ne faut pas dire que ça m'a fait plaisir.

LUDWIG.
Voici mon maître !

EMELINE.
Comment ton maître ?

LUDWIG, *se reprenant.*
Je veux dire mon camarade Maurice... La présence d'une jolie fille, ça fait tourner la tête, et en te voyant, je ne sais plus ce que je dis.

SCÈNE IV.

LES MÊMES, ERNEST (*il paraît agité*).

ERNEST, *bas.*
Il faut que je te parle à l'instant.... seul. (*Il remonte la scène, et se perd un instant au fond.*)

SCÈNE V.

EMELINE, LUDWIG.

LUDWIG, *à Emeline.*
Laissez-nous un peu, mademoiselle Emeline, il s'agit d'un secret.

EMELINE.
D'un secret ? je reste....

LUDWIG.
Je veux dire, d'un ordre secret de monsieur le comte...

EMELINE.
Comment ?

LUDWIG.
Pour la fête....

EMELINE.

Ah, c'est autre chose.... Alors... je reste....

SCÈNE VI.

ERNEST (*descendant la scène et contrarié de voir encore Emeline.*)

Veuillez bien nous laisser, mademoiselle, je vous en supplie.
(*Emeline interdite du ton d'Ernest, le regarde d'un air étonné.*)

LUDWIG, *à Emeline.*

Ne te fâches pas, il s'agit d'une petite surprise que nous ménageons à monsieur le comte, je te conterai cela, plus tard ; sois tranquille, et si tu m'aimes, va-t-en.
(*Emeline un peu moins fâchée, mais toujours étonnée, s'éloigne en les regardant tous deux.*)

SCENE VII.

ERNEST, LUDWIG.

ERNEST, *rapidement et à mi-voix.*

Tout est disposé pour notre départ ; la voiture sera prête cette nuit, au lieu convenu ; mais pour mieux assurer notre fuite, il a fallu la retarder de quelques heures....J'ai donné l'ordre à mes gens en conséquence.

LUDWIG.

Ce départ dérange-t-il quelque chose à nos dispositions ?..

ERNEST.

Non : mais il est nécessaire que Sydonie en soit prévenue.

LUDWIG.

Sans doute ; en se rendant trop tôt au rendez-vous, elle nous exposerait à être découverts.

ERNEST, *montrant une lettre.*

J'ai tracé pour elle ce billet ; mais je crains de ne pas trouver le moment favorable pour le lui remettre.

LUDWIG, *réfléchissant.*

Il le faut, cependant....

ERNEST.

Tout-à-l'heure, mon cher Ludwig, en voulant aller la retrouver au salon, je viens d'éprouver la plus vive inquiétude.

LUDWIG.

De quoi donc, mon cher maître ?...

ERNEST.

J'allais entrer, lorsque j'aperçus de loin Sydonie et sa famille... Elle semblait livrée au plus violent désespoir, elle implorait à genoux la pitié de son père... Le comte paraissait irrité, il parlait avec une grande véhémence ; mais je n'ai pu rien entendre.

LUDWIG.

Son père aurait-il découvert ?

ERNEST, *sans l'écouter.*

Ah ! qu'il m'en a coûté de me contraindre et de ne pas aller joindre mes prières et mes larmes à celles de mon épouse !

LUDWIG.

C'eût été courir à votre perte, monsieur....

ERNEST.

C'est le danger de Sydonie seul qui m'a retenu.... Mais cette lettre, il faut absolument....

LUDWIG, *la prenant et la serrant.*

Je me charge de la lui donner : elle va se rendre ici avec toute sa famille pour la petite fête qu'on prépare, et dont je dois surveiller l'exécution ; je trouverai bien quelques moyens adroits.... Laissez-moi faire... Quant à vous, monsieur, de grâce ne vous montrez que le moins possible devant mademoiselle Sydonie ; votre vue fait sur elle une telle impression... Et puis que sait-on ? le hazard, la plus légère imprudence peuvent éclairer vos démarches ; et où en serions-nous ?....

ERNEST.

Tu as raison, mon cher Ludwig : oui, il faut que j'évite ses regards jusqu'au moment peu éloigné, je l'espère, qui la mettra pour jamais dans mes bras.

(*Emeline reparait au fond, et regarde.*)

LUDWIG.

Bien, bien ! (*Regardant.*) Emeline revient... Quittons cet air de mystère... Séparons-nous. (*Haut, changeant de ton.*) Allons, c'est convenu, Maurice ; ça fera plaisir à monseigneur, et la fête n'en sera que plus belle ! (*Lui tenant la main.*) Au revoir, camarade... (*Ernest sort, Emeline se rapproche en le suivant des yeux. Les villageois et villageoises entrent derrière elle, avec leurs guirlandes et leurs bouquets.*)

SCÈNE VIII.

LUDWIG, EMELINE, *Villageois et Villageoises.*

EMELINE.

Il est donc fini ce bel entretien secret, auquel ce monsieur Maurice ne m'a pas jugée digne d'être admise, même pour entendre ?...

LUDWIG.

Oui, c'est fini.

EMELINE.

C'est fort heureux ! tu vas me dire par conséquent, suivant ta promesse....

LUDWIG.

Rien.

EMELINE.

Comment, rien?

LUDWIG.

Sans doute... (*Montrant les villageois.*) Devant tout ce monde là; comment, veux-tu?....

EMELINE.

C'est juste... ce ne serait plus un secret.

SCÈNE IX.

LES MÊMES, BUZMANN.

BUZMANN, *aux paysans.*

Eh bien! mes amis, vos préparatifs sont donc finis...(*A sa fille.*) Que vois-je! Comment, mademoiselle, malgré mes défenses réitérées?

EMELINE, *honteuse, se levant, ainsi que Ludwig.*

Mon père...

LUDWIG.

Mais...

BUZMANN.

Silence! (*Aux paysans.*) Qu'on se retire, jusqu'au moment de la fête; je viens de voir monsieur le comte se diriger vers ce côté du parc, il paraît rêveur, soucieux; nos hommages le distrairont peut-être. (*Allant vers Maurice.*) Mais tu es bien rêveur aussi, toi? Ces manières-là conviennent aux maîtres: un grand seigneur a trop de dignité, pour toujours s'amuser; mais à un valet, ce ton d'ennui ne va pas. (*Ernest préoccupé, ne fait pas attention à ce qu'il dit. L'intendant le prend par le bras, et le secoue.*) Es-tu sourd?... ou dors-tu? je te le dis, je te le répète... (*Au lieu de lui répondre, Ernest lève les yeux au ciel, et fait un geste d'impatience, que la prudence lui fait réprimer presqu'aussitôt: il se mêle ensuite parmi les villageois qui s'éloignent de divers côtés.*)

(*Buzmann arrête Ludwig, qui veut sortir.*)

SCÈNE X.

BUZMANN, LUDWIG.

BUZMANN.

Savez-vous que votre camarade Maurice et vous, vous commencez furieusement à me contrarier...

LUDWIG, *avec ironie.*

Ah! mon Dieu! nous aurions ce malheur-là, monsieur Buzmann?...

BUZMANN.

Je ne dis pas positivement que toi, Ludwig, tu ne fasses pas ton devoir; et je t'avoue que tu me plairais assez, si tu plaisais moins à ma fille...

LUDWIG, *d'un ton patelin.*

Hélas! on n'est pas maître de cela, monsieur Buzmann; et je vous réponds que si elle ne me plaisait pas au point de me faire tourner la tête, je ne chercherais à plaire qu'à vous tout seul...

BUZMANN.

Quant à Maurice...

LUDWIG.

Que vous a-t-il donc fait, ce pauvre Maurice? c'est un si bon garçon.

BUZMANN.

Je veux bien le croire; mais il a un air qui... un air que... enfin, un certain air comme il faut, qui le rend un peu comme il ne faut pas pour me convenir.

LUDWIG, *avec finesse.*

Oh! quand vous le connaîtrez mieux, je suis bien sûr que vous lui rendrez justice.

BUZMANN.

Non. C'est que ce monsieur-là, lorsque je lui adresse la parole, on dirait vraiment qu'il semble me répondre avec ses grands yeux toujours ouverts et fixes : « monsieur l'intendant, » quand vous parlez, c'est comme si vous ne disiez rien du tout... » Je te charge donc de le prévenir, que j'entends, que je veux que chacun reste à sa place; je suis homme d'ordre, moi.

LUDWIG, *à part.*

Le sot personnage!...

BUZMANN.

Oui, monsieur, voilà ce que je suis, et je ne transige jamais avec les principes. Suivez-moi, monsieur Ludwig.

SCÈNE XI.

LES MÊMES, LE COMTE.

(*Il s'avance en réfléchissant, et semble contrarié en apercevant Buzmann et Ludwig.*

LE COMTE.

Eloignez-vous.

BUZMANN.

Monseigneur, permettez...

LE COMTE.

Sortez: je veux être seul.

BUZMANN.

J'obéis... (*A part, en sortant, à Ludwig.*) Pour revenir bientôt avec tout mon monde... Je veux absolument distraire monseigneur... Il s'amusera où il dira pourquoi... (*Ils sortent.*)

SCÈNE XII.

LE COMTE, *seul.*

Voilà donc la fille du comte de Meindorff devenue l'opprobre de sa famille, elle qui devait à jamais en assurer la gloire, par un hymen illustre? Aurais-je cru que la perte de ma fortune serait le moindre de mes malheurs? Songeons au parti que je dois prendre; concilions, s'il se peut, mon honneur avec la tendresse que j'ai encore pour mon ingrate fille... Consentirais-je à son hymen avec Ernest Steimber? Non, une telle mésalliance fermerait pour toujours le chemin des honneurs à mon fils, seul espoir de ma famille... (*Regardant.*) Je l'aperçois; quels sombres regards il jette autour de lui! quelles sinistres pensées l'occupent?

SCÈNE XIII.

LE COMTE, RODOLPHE.

LE COMTE.

Approchez, mon fils : venez-vous donner à votre père, des consolations et des conseils...

RODOLPHE.

Des consolations! la honte en laisse-t-elle? des conseils!... le comte de Meindorff doit savoir ce qu'il convient de faire pour l'honneur de sa famille.

LE COMTE, *avec énergie.*

Il faut qu'aujourd'hui, à l'instant même, le sort de votre sœur soit fixé.

RODOLPHE.

Il doit l'être; tout retard ajoute à l'injure : l'homme sans délicatesse, sans procédés, qui n'a pas su respecter dans l'héritière du nom de Meindorf, ni l'amour qu'elle lui avait inspiré, ni le sang qui coule dans ses veines, a mérité la mort. Quant à celle qui partagea son crime; aussi coupable que son séducteur, l'honneur nous commande impérieusement...

LE COMTE.

Achevez !

RODOLPHE, *d'un ton sombre.*

D'ensevelir à jamais le souvenir de sa faute...

LE COMTE, *avec horreur.*

Quoi! mon fils, vous voudriez...

RODOLPHE.

Que la retraite la plus profonde, la plus impénétrable, mette entr'elle et nous, une barrière inaccessible.

LE COMTE.

Me séparer de ma fille, de votre sœur?

RODOLPHE.

Si elle restait parmi nous, chaque regard que nous jeterions sur elle ne nous rappellerait-il pas son infamie ? et la vue de cet être malheureux qu'elle doit mettre au jour, ne renouvelerait-il pas sans cesse notre supplice ?

LL COMTE.

Quel sacrifice oses-tu exiger de ton père !

RODOLPHE.

Le seul qui nous reste à faire, pour éviter un tache inéfaçable. Nous sommes encore les maîtres de notre secret, il faut en faire disparaître jusqu'à la dernière trace, ou bientôt nous verrons nos rivaux, nos ennemis, déjà satisfaits de notre infortune, se réjouir de notre honte; et nous deviendrons l'objet de leurs mépris...

LE COMTE, *avec douleur.*

La honte ! le mépris !...

RODOLPHE.

Désormais, sans espérance de pouvoir rétablir la splendeur de notre maison, je serai condamné à une vie obscure, indigne du sang que vous m'avez transmis.

LE COMTE.

O mon fils ! quel tableau tu présentes à mes regards.

RODOLPHE.

Il est terrible; mais il est vrai...au lieu qu'une éternelle captivité...

LE COMTE.

Condamner ma fille !... non, non; jamais....

RODOLPHE.

Eh bien !... l'arrêt que vous refusez de prononcer contre elle, vous le prononcez contre moi.

LE COMTE.

Que dis-tu ?

RODOLPHE.

Oui, il faut choisir entre nous deux : si vous lui pardonnez, je cours chercher la mort, elle est, à mes yeux, plus facile à supporter que la honte. Je vous laisse notre arbitre, punissez votre fille, ou vous n'avez plus de fils.

LE COMTE.

Rodolphe !... unique soutien de mon nom, tu connais mon amitié pour toi, et l'empire que tu as sur mon âme; veux-tu abuser de ton ascendant ?...

RODOLPHE.

Je veux que l'auteur de mes jours soit digne de lui-même.

LE COMTE.

Eh bien ! puisque tu oses persister dans un projet aussi odieux ?... éloigne-toi de ma présence; et toi-même, redoute mon indignation.

RODOLPHE, *avec fierté.*

Mon père !...

LE COMTE.

Laissez-moi, laissez-moi, vous dis-je...

RODOLPHE, *avec une fureur concentrée.*

J'obéis... (*faisant quelques pas pour s'éloigner, et s'arrêtant au fond.*) La voilà qui s'avance avec sa mère, cette fille coupable ! allez au-devant d'elle... allez reconnaitre un lien honteux, et dans un seul instant flétrissez tant d'années de gloire et d'illustration... Adieu; vous n'avez plus de fils ? (*Il va s'éloigner.*)

LE COMTE, *entraîné.*

Malheureux ! arrête ! ne sais-tu donc faire parler l'honneur qu'aux dépens de la nature et de l'humanité ?

RODOLPHE.

Non; mais je sais tout sacrifier pour cet honneur, le plus précieux des biens, dont mon père me fait un crime.

LE COMTE, *attendri.*

Restez, mon fils, et calmez-vous; votre père vous en prie. (*Il revient avec plus de calme, mais en se contraignant. Le comte se met sur le banc de verdure.*)

SCÈNE XIV.

LES MÊMES, LA COMTESSE, SYDONIE.

(*Sydonie éplorée, et marchant avec peine, s'avance soutenue par sa mère, sans apercevoir le comte et Rodolphe.*)

LA COMTESSE, *à part, à sa fille.*

Malheureuse Sydonie ! qu'as-tu fait ? toi qui étais ma gloire et ma consolation.... Ah ! malgré ta faute, tu trouveras encore dans le cœur de ta mère, de l'indulgence et de la pitié.... Mais je crains que le comte....

RODOLPHE, *s'avançant.*

Il doit être, il sera inflexible ! (*La vue de Rodolphe fait la plus vive impression à la comtesse et à Sydonie, dont l'accablement semble redoubler. Cependant, la comtesse, rassemblant ses forces, après avoir jeté un regard fier sur Rodolphe, s'avance vers son époux.*)

LA COMTESSE.

Monsieur, c'est à vous de prononcer. Malgré mes craintes pour ma fille, j'espère encore, puisque son juge est son père.

(*Le comte garde un morne silence; Rodolphe jette sur Sydonie des regards sinistres; la comtesse frémit. Cette situation est coupée par une musique vive et gaie.*)

SCÈNE XV.

LES MÊMES, BUZMANN, EMELINE, *Villageois, Villageoises, Valets.*

(*Sur tous les points de la scène, paraissent à-la-fois des grouppes de villageois tenant des guirlandes et des bouquets. Le comte, d'abord un peu contrarié, sait pourtant se contenir; il affecte, ainsi que Rodolphe, une contenance tranquille.*)

BUZMANN.

Monseigneur daignera-t-il accepter les respectueux hommages, les témoignages d'humble gratitude de ses dévoués vassaux ! Ah! si notre petite fête peut lui plaire, ainsi qu'à sa noble fille, notre très-aimée, très-respectée maîtresse, mademoiselle Sydonie.....

SYDONIE, *à part, avec effroi.*

Une fête ! Ah ! il n'en est plus pour moi.... Fuyons....
(*Elle fait un mouvement pour sortir, le comte l'arrête.*)

SCÈNE XVI.

LES MÊMES, ERNEST. (*Il paraît au fond parmi les villageois, et cherche à s'approcher de Sydonie.*)

LE COMTE, *bas à Sydonie.*

Demeurez. (*Très-bas.*) Voulez-vous donc faire connaître à ces villageois nos dissentions, nos malheurs ?... Voulez-vous rendre notre honte publique ?...

SYDONIE, *atterrée.*

Mon père !

LE COMTE, *bas.*

Sachez vous contraindre jusqu'au moment où j'aurai décidé de votre sort.... (*Haut.*) Buzmann, j'accepte les hommages de ces braves gens.

SCÈNE XVII.

LES MÊMES, LUDWIG. (*Il paraît, portant une corbeille de fleurs qu'il va poser auprès d'Emeline; puis, apercevant son maître, il va près de lui, craignant qu'il ne commette quelque imprudence.*)

BUZMANN, *à sa fille, avec satisfaction.*

Je savais bien, moi, que monseigneur finirait par être enchanté de mon petit à-propos.

LUDWIG, *bas à Ernest.*

Voici l'instant de remettre ce billet à mademoiselle Sydonie... Je vais essayer.... Soyez tranquille.... (*Il lui dit de se retirer et semble concevoir un projet qu'il médite; pendant cet à-parte,*

Buzmann s'occupe à donner ses instructions aux villageois, aux villageoises, il se met à leur tête avec sa fille, et montre un empressement ridicule.

Cependant, la malheureuse Sydonie, forcée d'obéir à son père, parvient avec peine à cacher son trouble; elle s'assied auprès de sa mère, entre le comte et Rodolphe, sur les sieges disposés pour les recevoir. Les villageois viennent lui offrir des fleurs, que le comte et son fils reçoivent avec une orgueilleuse affabilité. Buzmann va se placer avec sa fille du côté opposé à celui où se tient la famille.

Les danses se forment et présentent le tableau animé de plusieurs contredanses campagnardes, au son des violons des ménétriers du village, placés au fond, sur un endroit élevé et séparé.

Pendant le commencement des danses, Ludwig, au milieu des grouppes, semble les diriger en les excitant à la joie, et ne perd pas de vue son projet pour faire parvenir secrètement la lettre à Sydonie, malgré la présence de tant de monde.

A cet effet, il va prendre, dans une corbeille de fleurs, quatre bouquets pareils. Il choisit ensuite deux jeunes garçons et deux jeunes filles, pour exécuter un pas de quatre; il remet un bouquet à une jeune fille, en la chargeant d'aller l'offrir à la comtesse qu'il désigne bien; il en remet un autre à un jeune garçon pour qu'il l'offre au comte; donne le troisième à l'autre jeune garçon pour qu'il le présente à Rodolphe; enfin, s'adressant à la dernière jeune fille, il lui dit qu'il l'a réservée pour offrir le quatrième bouquet à la demoiselle du château, qu'il désigne aussi avec soin; tandis que la jeune fille fait la révérence pour le remercier de l'agréable commission dont elle est chargée, Ludwig glisse la lettre dans l'intérieur du bouquet, où elle se trouve exactement cachée.

Le pas de quatre commence; la jeune fille qui a le bouquet où est la lettre le laisse tomber en dansant; le jeune garçon qui a celui destiné à Rodolphe le ramasse lestement, et, par galanterie, offre à la jeune paysanne son propre bouquet; la jeune fille, qui ne voit qu'une politesse dans cet échange de deux bouquets pareils, l'approuve avec un peu de coquetterie. L'hommage des fleurs et le pas de quatre continuent, et il résulte de ce changement, que le bouquet destiné à Rodolphe est remis à Sydonie, celui de Sydonie à Rodolphe. Ce jeu de scène doit être réglé de manière à ce que le public voye bien l'échange, auquel Ludwig n'a pas fait attention, étant remonté vers le fond, pour rejoindre Ernest et lui conter ce qu'il vient de faire. Ludwig fait un signe son maître pour qu'il se tienne toujours à l'écart; il redescend ensuite, il est témoin de la remise des bouquets, et croit bien qu'elle a été faite comme il l'a indiquée. Il s'assied donc tranquillement auprès d'Emeline et de Buzmann, pour prendre part à la fête.

Les contredanses reprennent après le pas de quatre et deviennent plus vives.

Cependant, Rodolphe, préoccupé de ses projets de vengeance, a froissé son bouquet dans ses mains; ce mouvement en fait sortir la lettre, il la prend avec étonnement et la regarde à part; l'adresse lui fait connaître qu'elle est pour sa sœur, son étonnement redouble et sa haine lui fait à-peu-près deviner le contenu; il la serre dans son sein, puis affectant une contenance tranquille, il continue de prendre part aux jeux; puis se lève sans affectation, et s'éloigne pour prendre connaissance du billet que le hazard a fait tomber entre ses mains. On le voit passer au fond sur le monticule, lisant la lettre, et très-agité.

Les danses continuent pendant son absence, à laquelle on a fait peu d'attention. Il revient auprès de sa famille à la fin des danses, qui se terminent par des grouppes variés.)

(*La nuit vient peu-à-peu pendant la fin de cette scène.*)

RODOLPHE, *bas au comte.*

Mon père, il faut qu'à l'instant même un entretien particulier.... Il s'agit d'une chose de la plus haute importance.

LE COMTE, *à la comtesse, après avoir fait un signe à son fils.*

Rentrez au château, madame, je ne tarderai pas à vous y rejoindre. (*Bas à sa fille.*) Vous, Sydonie, vous pouvez vous retirer dans votre appartement; je vous dispense de tout soin. Demain, vous connaîtrez ma volonté. (*Aux villageois.*) Mes amis, j'ai accepté vos hommages avec plaisir, j'aurai besoin encore de votre zèle et de votre dévouement pour recevoir avec éclat le prince de Rosenthal, qui doit, dans peu, honorer ce château de sa présence.

SYDONIE, *à part.*

Le prince de Rosenthal ! grand Dieu !

LE COMTE, *aux villageois.*

Mon intendant vous fera connaître mes ordres, en vous donnant des preuves de ma satisfaction.

(*Buzmann, à la tête des villageois, se prend en protestations, mêlées de salutations profondes.*)

(*A la sortie générale, Sydonie se trouve auprès d'Ernest, que Ludwig retient sur un des côtés de la scène.*)

SYDONIE, *bas à Ernest.*

Cette nuit,.... à l'heure indiquée,.... je suivrai les pas de mon époux.

(*Elle s'éloigne du côté du château avec sa mère, suivie d'Emeline et de Buzmann. Les villageois sortent du côté opposé. Ludwig est auprès d'Ernest, qui semble au comble de la joie, d'après l'assurance que vient de lui donner Sydonie.*)

SCENE XVIII.

RODOLPHE *est resté rêveur à l'avant-scène*, LE COMTE *reconduit son épouse*, ERNEST, LUDWIG.

LUDWIG, *bas à Ernest.*

Il paraît que la lettre a fait son effet.... Venez, mon cher maître, allons tout disposer.

(*Rodolphe se retourne, et d'un geste impérieux, ayant fait sortir les deux valets prétendus, qui le saluent avec respect, il vient auprès de son père, avec une impatience qu'il a peine à contenir.*)

SCENE XIX.

LE COMTE, RODOLPHE. (*Il fait nuit.*)

LE COMTE.

Nous voilà seuls; parlez, mon fils, que voulez-vous?

RODOLPHE, *lui donnant la lettre.*

Lisez, mon père.

LE COMTE.

Cette lettre est adressée à Sydonie.... Comment est-elle tombée entre vos mains?

RODOLPHE.

Lisez, lisez, et partagez enfin toute mon indignation.

LE COMTE, *lisant avec une émotion graduée:*

« Tout est préparé, chère Sydonie, bientôt tu seras à
» l'abri de tes persécuteurs, auprès d'un époux qui t'adore,
» et loin d'une famille cruelle. » (*S'interrompant.*) L'insolent! (*Il continue.*) « Oui, tu vas t'éloigner d'un père
» devenu le tyran de sa fille, d'un frère que sa haine aveugle
» rend capable de tout.... Ta mère seule mérite nos regrets.
» Un jour, peut-être, nous pourrons nous réunir à elle sous
» un ciel plus heureux.... » (*S'interrompant.*) Je puis à peine contenir ma juste colère.... (*Il continue.*) « Rien n'est changé
» aux dispositions que nous avons prises; seulement au lieu
» de te trouver à neuf heures du soir, au pied du grand
» vestibule, à la petite porte du parc, ne t'y rends qu'à deux
» heures après minuit. »

RODOLPHE.

Le traître!

LE COMTE, *continuant.*

» J'y serai seul, enveloppé dans mon manteau.... Ton amant...

» Ton époux.... Ernest Steimber. » (*Froissant la lettre avec rage.*) Quel complot abominable !

RODOLPHE.

Eh bien ! mon père ?

LE COMTE, *avec fureur*.

Steimber a donc osé pénétrer jusques dans mon château ?

RODOLPHE.

Pour enlever une fille à son père, et nous porter à tous un poignard dans le sein.

LE COMTE.

Et ma fille a pu consentir !

RODOLPHE.

Pouvons-nous en douter ?

LE COMTE.

Il ne jouira pas de sa témérité ; je saurai l'en punir, dérober ma fille à son audace, et les tribunaux....

RODOLPHE.

Comment lui disputer publiquement les droits qu'il a acquis sur elle, sans publier notre opprobre ? Vous avez rejeté le seul moyen qui nous restât ; vous vous êtes offensé de ma proposition ; encore un instant d'hésitation, et nous n'avons plus d'espoir, Sydonie nous échappe, elle fuit dans les bras de son amant ; son infamie, ainsi que notre honte, éclatent à tous les yeux !

LE COMTE, *entraîné, égaré*.

Eh bien ! je n'hésite plus... Sydonie... oui ! quoi qu'il m'en coute !... une séparation, une réclusion éternelle....

RODOLPHE.

C'est dans le tombeau, peut-être, qu'il aurait fallu cacher son crime... Qu'elle vive !... mais qu'elle y descende, pour l'expier dans les larmes !...

LE COMTE.

Que veux-tu dire, Rodolphe ?

RODOLPHE.

Ecoutez votre fils au désespoir, et prononcez enfin entre celui qui fut toujours fidèle à l'honneur, et celle qui trahit toutes vos espérances.

LE COMTE.

Tu me fais frémir : achève ?

RODOLPHE.

Que cette nuit même, cette fille rebelle, conduite secrètement dans la chapelle souterraine, où reposent les cendres de nos ayeux, y soit enfermée pour expier sa faute dans une longue captivité, et dérober à jamais à tous les regards le fruit honteux de son criminel amour... Quant au séducteur, mon épée.....

Sydonie.

LE COMTE.

Arrête, Rodolphe! garde-toi de compromettre tes jours, c'est le seul bien qui me reste : en nous faisant justice à nous-mêmes, déjà nous, nous rendons criminels; ne nous exposons pas à devenir de vils meurtriers !

RODOLPHE.

Eh bien ! mon père, je saurai me contraindre; mais si Ernest osait nous soupçonner, nous insulter un jour par un seul reproche... alors n'écoutant plus que la voix de l'honneur, c'est dans son sang que j'éteindrais ma haine et son amour... Il n'y a point un moment à perdre pour mettre notre projet à exécution, l'instant approche où Sydonie n'étant pas informée du retard marqué sur ce billet, va se rendre au lieu indiqué pour suivre son indigne amant. C'est un frère irrité, c'est moi qu'elle y trouvera. L'obscurité, la nécessité d'agir en silence, le déguisement indiqué, que j'aurai soin de prendre, tout me favorisera... (*Montrant le fond.*) Au milieu de ces ruines est une issue secrète qui conduit à la chapelle souterraine des tombeaux, c'est par cette route inconnue que la coupable Sydonie sera conduite, sans laisser aucune trace qui puisse faire soupçonner... Oui ; c'est ici que, trompée dans sa criminelle attente, elle trouvera son père, pour entendre de sa bouche la sentence irrévocable qui, pour toujours, doit la séparer du monde.

(*Il sort rapidement, laissant le comte plongé dans ses réflexions. La nuit est des plus sombres.*)

SCÈNE XX.

LE COMTE, *seul.*

Mon âme est dévorée d'inquiétudes et d'horreurs !.. La pitié, la vengeance la déchirent tour-à-tour !!.. Fille indigne ! à quoi me réduis-tu ? C'est en vain que la tendresse paternelle parle encore à mon cœur... L'honneur de mes ayeux, ce que je dois à mon nom, tout doit étouffer sa voix... Est-il d'ailleurs en ma puissance de soustraire la coupable au juste châtiment qu'elle a mérité, sans m'exposer à perdre mon fils ? Mon fils ! maintenant l'unique espoir de ma vieillesse !..

(*On entend sonner neuf heures ; l'orage commence.*)

Dieu ! quel timbre lugubre !.. C'est l'heure de la vengeance !.. et Sydonie va s'y livrer d'elle-même ! (*regardant*) C'est elle !.. On approche !... Je ne pourrai supporter sa présence !... Éloignons-nous un instant !.. Ah ! je sens que mes forces m'abandonnent !..

(*Il s'appuie contre un arbre, marche péniblement et disparaît dans un taillis. L'orage augmente progressivement ; le tonnerre gronde de plus près.*)

SCENE XXI.

RODOLPHE, SYDONIE.

(*A la lueur des éclairs qui se multiplient, on aperçoit Rodolphe enveloppé dans un large manteau noir, et le chapeau rabattu sur la figure; il tient par la main Sydonie, pâle, tremblante, et se soutenant avec peine; elle est enveloppée dans une longue mante. Il pose au pied de l'arbre, une petite lanterne sourde, qu'il cachait sous son manteau.*)

SYDONIE.

Où me conduis-tu, Ernest? Je dois marcher avec confiance, auprès de mon époux.... Mais je ne sais quel affreux pressentiment!... Je n'en puis plus!... Cher Ernest, reposons-nous un instant, je t'en supplie.

RODOLPHE, *à voix basse.*

Non, non, viens....

SYDONIE.

Un seul instant de grâce, où ton épouse expire à tes yeux.... (*elle s'assied sur le banc*). Cher Ernest, mets un terme à ce silence cruel que tu as gardé jusqu'à ce moment. La prudence l'exigeait sans doute; mais à présent, l'on ne peut nous entendre... (*Se levant*) Ah! ranime mon courage par quelques mots consolateurs!... Ta main serre la mienne avec force!... Est-ce la crainte? est-ce l'espérance?

RODOLPHE, *à part.*

C'est la fureur!... (*Il tire une clef de sa ceinture et indique une petite porte dans les ruines.*)

SYDONIE.

L'obscurité qui nous environne... ce désordre de la nature... ce ciel en feu qui semble nous menacer!... Ernest, qu'avons-nous fait!... Il en est temps encore, retournons au château; allons nous jeter aux genoux de mon père, implorer son pardon, ou mourir.

RODOLPHE, *ne pouvant plus se contenir.*

Il n'est plus de pardon pour toi!

SYDONIE.

Dieu! quelle voix? Ce n'est pas celle d'Ernest!...

RODOLPHE, *entrouvrant son manteau.*

Cesse de me donner ce nom.

SYDONIE, *avec effroi.*

Mon frère!

RODOLPHE.

Ton juge.

SYDONIE.

Je suis perdue!..

RODOLPHE.

Espérais-tu pouvoir impunément déshonorer ta famille ?....
Allons suis-moi, et dans ce souterrain... pour jamais... (*Elle fait un cri et veut échapper ; il la retient ; elle tombe à ses pieds et tend vers lui ses mains suppliantes. Il la repousse, elle est renversée ; Rodolphe fait un geste menaçant en tirant à moitié son épée.*

SCÈNE XXII.

LES PRÉCÉDENS, LE COMTE.

LE COMTE, *s'élance et arrête le bras de son fils.*

Rodolphe ! c'est ta sœur !

RODOLPHE, *avec rage.*

Ce titre est son arrêt, puisqu'elle n'a pu s'avilir, sans me déshonorer moi-même.

SYDONIE, *aux genoux de son père.*

Ah ! mon père, mon père, pardonnez à votre fille !...

LE COMTE.

Je ne veux rien entendre.

(*Elle le supplie, en lui pressant les mains, et en les baignant de ses larmes ; Rodolphe, pendant ce temps, prend la lanterne sourde au pied de l'arbre, la retourne pour qu'elle l'éclaire et va ouvrir la porte du souterrain ; il y entre, et disparaît. Pendant toute cette scène, l'orage n'a pas cessé de gronder, et les éclairs de briller par intervalles.*)

SCÈNE XXIII.

LE COMTE, SYDONIE.

SYDONIE, *toujours à genoux.*

O mon père ! me livrerez-vous, sans défense, au cruel Rodolphe ?

LE COMTE, *la relevant.*

Misérable ! ton crime est irrémissible !...

SYDONIE.

Vous avez donc résolu ma mort ?...

LE COMTE.

Non, tu vivras ; mais pour pleurer ta faute, cacher ta honte, la nôtre !...

SYDONIE.

Et mon époux ? Ernest ?

LE COMTE.

Ah ! ce nom réveille toute ma fureur.... Bientôt il éprouvera lui-même tout le poids de ma vengeance !

SYDONIE.

Il n'est pas coupable ; et moi seule... Ah ! que ma mort satisfasse votre haine; elle est résolue, je le vois, et je ne chercherai pas à me défendre contre mon père; mais Ernest, mais mon époux? De quel droit oserez-vous attenter à ses jours? Quel est son crime? d'avoir pensé que l'amour le plus ardent, le plus pur, les sentimens les plus généreux, les plus nobles, pouvaient faire oublier les torts imaginaires de la naissance. Non, non, mon père ne se rendra pas complice du plus lâche attentat, et le comte de Meindorff ne souillera pas une vie glorieuse et sans tache, par un pareil forfait... Je suis seule coupable, seule je serai punie... Frappez, mon père, frappez, délivrez-moi d'une existence qui m'est odieuse, puisqu'elle peut causer votre honte; mais épargnez mon époux, et pardonnez-moi... Que j'emporte du moins au tombeau vos regrets et votre pitié...

LE COMTE, *après un moment d'hésitation.*

Comment résister plus long-temps... Sydonie, fuis, fuis, je mourrai de honte... Va vivre déshonorée... Mais évite Rodolphe, ou je ne réponds pas...

(*Rodolphe, qui a reparu au fond, s'avance avec rage, et vient se placer entre Sydonie et son père.*)

LE COMTE.

Dieu! le voilà!

SCÈNE XXIV.

LES MÊMES, RODOLPHE.

RODOLPHE.

Qu'alliez-vous faire! Ah! si vous hésitez, je ne réponds plus de mes jours. (*Il tire son épée et la dirige contre son propre sein.*)

LE COMTE.

Arrêtez, mon fils!

(*Ses forces l'abandonnent, il tombe sur le banc, et laisse Sydonie sans défense contre Rodolphe, qui la saisit et veut l'entraîner vers le souterrain, dont la voute paraît alors plus éclairée, Rodolphe y ayant laissé une torche allumée.*)

RODOLPHE, *avec fureur.*

Suis-moi.

SYDONIE.

Où me conduisez-vous.

RODOLPHE.

Dans ton dernier asile.

SYDONIE.

Dieu! Dieu!

RODOLPHE.
Point de cris, point de résistance, ou la mort.
SYDONIE.
Et personne, personne ne viendra à mon secours.
RODOLPHE.
Personne! *(Il l'entraîne avec violence.)*
SYDONIE, *d'une voix déchirante.*
Mon père! ô mon père!

(*Le comte resté anéanti, semble se réveiller aux cris déchirans de sa fille; il fait un dernier effort, et court vers elle, dans l'intention de la défendre contre Rodolphe;*

Elle est prête à disparaître dans le souterrain; elle se jette aux genoux de son frère;

La tempête parvenue alors à sa plus grande force, éclate avec fureur: la foudre tombe sur l'arbre isolé qu'elle brise; le comte est renversé, Rodolphe, inaccessible à la crainte, a repoussé sa sœur, et ferme la porte du souterrain.)

Fin du second Acte.

ACTE III.

Le Théâtre représente un site du parc de Meindorff, près du château; à droite, au troisième plan, le commencement d'une terrasse élevée de plusieurs marches.

SCÈNE PREMIÈRE.

LUDWIG, *seul*
(*Il entre en regardant autour de lui, il écoute, et avance avec précaution.*

Voilà bien long-temps que les postillons et moi nous attendons à la petite porte du parc, et personne ne paraît. Qu'est-il donc arrivé? Je suis dans une inquiétude!... Voyant le jour, pour ne pas être découvert, j'ai fait cacher la voiture dans le petit bois.... C'est ci que j'ai laissé mon maître, à deux heures, pour attendre mademoiselle Sydonie... Il est quatre heures sonnées, et personne! Quel temps favorable nous avons perdu ?... L'orage de cette nuit aurait si bien favorisé notre fuite et retardé les poursuites de l'ennemi ?... A chaque instant mes craintes augmentent.... Si l'on avait découvert.... Si mon maître, tombé dans quelques piéges... Ah ! je tremble !.. Tâchons de nous avancer tout doucement jusqu'au château, cherchons à découvrir... J'entends du bruit. (*Regardant du côté de la terrasse.*) On approche.... C'est mon maître.... Il est seul.... Dans quel état ! bon dieu !...

SCENE II.

LUDWIG, ERNEST.

(*Ernest s'avance, il est pâle et agité.*)

ERNEST.

C'est toi, Ludwig ?

LUDWIG.

Qu'avez-vous, mon cher maître ?

ERNEST.

Ah ! si je n'écoutais que mon désespoir !...

LUDWIG.

Calmez-vous, de grâce....

ERNEST.

Me calmer ! lorsque je vois toutes mes espérances s'évanouir... lorsque je redoute le plus grand des malheurs !...

LUDWIG.

Qu'est-il donc arrivé ?

ERNEST, *avec égarement.*

Où est Sydonie ?

LUDWIG.

Vous me le demandez ?

ERNEST.

Elle n'a point paru au rendez-vous qu'elle m'avait donné...

LUDWIG.

Aurait-elle changé de résolution ?...

ERNEST.

Je ne sais que penser.... Les idées les plus horribles... Après l'avoir vainement attendu, ne pouvant plus long-temps modérer mon impatience et mes inquiétudes, je me suis avancé jusqu'au vestibule... il était ouvert.... Favorisé par la nuit, éclairé par la tempête, j'ai pénétré dans le château jusqu'à l'appartement de mon épouse,...

LUDWIG.

Eh bien ! monsieur ?...

ERNEST.

Il était désert. Le désordre qui y régnait, semblait m'annon-
qu'elle l'avait quitté pour fuir.... Je m'empresse de revenir
en ces lieux, espérant l'y trouver.... Elle n'y était pas! L'orage
était alors dans toute sa force.... Je m'apprêtais à faire de
nouvelles recherches, lorsqu'à la lueur des éclairs, je vois
deux hommes sortir d'une des allées du parc, et se diriger
vers le château... ils parlaient bas et avec agitation; je m'en-
fonce dans le taillis pour les laisser passer.... et je reconnais
Rodolphe et le comte....

LUDWIG.

A cette heure? malgré l'orage, dans le parc?... D'où
pouvaient-ils venir?...

ERNEST.

Je ne sasi... Mais leur vue m'a glacé d'épouvante!

LUDWIG.

Ah! monsieur, qu'est-ce que tout cela nous présage?

ERNEST.

Sydonie! Sydonie! où es-tu?...

EMELINE, *qu'on ne voit pas, appelant.*

Ludwig! Ludwig!

LUDWIG, *regardant.*

On m'appelle... C'est Emeline.... elle vient.... Mon cher
maître, prenez garde.

(*Il invite Ernest à se contraindre, et va au-devant d'E-
meline qui paraît sur la terrasse.*)

SCENE III.

LES MÊMES, EMELINE.

EMELINE, *accourant hors d'haleine.*

Ludwig! Maurice! Ah! je vous trouve enfin!...

LUDWIG.

Qu'as-tu donc Emeline? que nous veux-tu?

EMELINE.

C'est mon père, qui vous demande.... il vous a envoyé chercher à votre chambre,.... il vous a fait appeler partout.

LUDWIG.

Que nous veut-il?

EMELINE.

Je ne sais, mais il a fait assembler toute la maison..... Si
vous saviez quel désordre au château! Monseigneur est ab-
sorbé dans la douleur la plus profonde... Monsieur le chevalier
Rodolphe, sombre, soucieux, roule des yeux à faire frémir...
Mais, c'est madame la comtesse qui m'a fait pitié.... elle est
au désespoir.... Mademoiselle Sydonie... (*Au nom de Sydonie*

Ernest fait un mouvement.) Notre bonne, notre chère maîtresse....

LUDWIG.

Eh bien !... mademoiselle Sydonie ?...

EMELINE.

Enlevée, cette nuit même.... (*Nouveau mouvement d'Ernest.*)

LUDWIG.

Enlevée !

EMELINE.

Oui... Et mon père m'a dit tout bas qu'il soupçonne ce jeune capitaine, Ernest Steimber.... (*Encore un mouvement d'Ernest.*)

LUDWIG, *vivement.*

Cela n'est pas....

EMELINE, *surprise du ton de Ludwig.*

Qu'en savez-vous, monsieur Ludwig ?

LUDWIG.

Mais, rien....

EMELINE.

Ce ne peut être que lui.... Quoiqu'on ne le dise pas méchant, cependant.... Ah ! s'il savait tout le chagrin qu'il nous cause.... (*A part.*) Moi qui croyais que c'était une si jolie chose qu'un enlèvement ! (*Regardant.*) Oh ! mon dieu ! voilà monseigneur et monsieur le chevalier Rodolphe qui viennent de ce côté.... Je me sauve. (*Elle s'arrête en apercevant le comte qui s'avance avec son fils.*)

SCÈNE IV.

LES MÊMES, LE COMTE, RODOLPHE.

LE COMTE, *sombre, agité.*

Que faites-vous en ces lieux ?

RODOLPHE, *invitant, d'un signe, le comte à se modérer.*

Mon père !...

LE COMTE, *cherchant à se contenir.*

Eloignez-vous, allez retrouver mon intendant, il vous transmettra mes ordres.

(*Emeline et Ludwig se retirent par la terrasse ; Ernest, resté en arrière, examine le comte et Rodolphe, avec soupçon, en indiquant l'intention de ne pas les perdre de vue.*)

SCÈNE V.

LE COMTE, RODOLPHE.

RODOLPHE.

Quel trouble !... Quelle agitation !... Craignez de révéler notre secret....

Sydonie. 7.

LE COMTE, *avec désespoir.*

Qu'avons-nous fait, Rodolphe ?

RODOLPHE, *froidement.*

Notre devoir.

LE COMTE.

Et tu n'éprouves aucun remord ?

RODOLPHE.

Aucun.

LE COMTE.

Pour moi, je ne sais où fuir, où me cacher !.. L'image de Sydonie ensevelie vivante, me poursuit partout. (*Rodolphe va lui répondre.*) Mais, ne crains rien, je sais ce que je dois à l'honneur de ma famille, il soutiendra mon courage.... Maintenant, un pas rétrograde pourrait nous perdre, l'un et l'autre... Mais, la comtesse, je ne puis soutenir ses regards, il semble qu'ils pénètrent jusqu'au fond de mon cœur, pour en arracher la vérité... (*Regardant.*) Elle s'approche, retirons-nous.

RODOLPHE.

Restez, mon père, en cherchant à l'éviter, ce serait augmenter ses soupçons.

SCÈNE IV.

LES MÊMES, LA COMTESSE.

LA COMTESSE, *allant vivement vers le comte, sans faire attention à Rodolphe.*

C'est en vain que vous voulez me fuir, monsieur, je m'attache à vos pas, je ne vous quitte plus. Maintenant qu'on m'a privée de ma fille chérie, qu'on l'a indignement arrachée de mes bras, je ne serai plus cette épouse timide, qui ne savait que pleurer et obéir... La tendresse maternelle me donnera de l'énergie, j'épierai toutes vos démarches, jusqu'à ce que vous ayez calmé les craintes que l'absence de Sydonie a fait naître dans mon âme, et que vous m'ayez appris ce qu'elle est devenue... Vous gardez le silence... Parlez, où est Sydonie ?

RODOLPHE, *s'empressant de répondre avant le comte.*

Pouvez-vous l'ignorer, madame ? Après le honteux aveu qu'elle a osé nous faire, il n'est que trop facile de deviner qu'elle a cherché un refuge dans les bras de son indigne amant.

LA COMTESSE.

Je ne puis le croire.

RODOLPHE.

En douter, c'est vouloir fermer les yeux à l'évidence

LA COMTESSE.

Monsieur, c'est à mon époux que je m'adresse; c'est à lui que je demande ma fille, et non à son accusateur.

RODOLPHE, *confus.*

Madame...

LA COMTESSE.

Veuillez vous retirer, monsieur le chevalier : je désire rester seule avec mon époux...

RODOLPHE, *élevant la voix.*

Madame la comtesse...

LA COMTESSE.

N'oubliez pas, monsieur, que c'est l'épouse de votre père qui vous parle! Si votre conduite ne lui a pas permis d'avoir toujours pour vous le cœur d'une mère; si la nature et la reconnaissance ne lui donnent aucuns droits sur vous, elle n'en a pas moins conservé ceux qui appartiennent à la comtesse de Meindorff, elle saura les faire respecter... Eloignez-vous, je vous l'ordonne.

RODOLPHE.

Vous oseriez?...

LA COMTESSE.

Tout! pour éclaircir le doute affreux qui m'oppresse.

RODOLPHE.

C'en est trop...

LA COMTESSE, *avec plus de force.*

Sortez! ou, n'écoutant plus que ma douleur, je fais retentir ce château de mes plaintes, et je vous accuse hautement de la perte de ma fille.

(*Atterré par l'énergie de la comtesse, Rodolphe est forcé de contenir sa fureur. Le comte lui-même, qui jusques-là avait gardé un morne silence, ordonne à son fils de se retirer, pour ne pas exaspérer sa belle-mère.*)

RODOLPHE, *à part.*

Ah! ma haine pour Sydonie s'augmente par les insultes de sa mère... et désormais entièrement maître de son sort...

(*Il sort en jetant sur la comtesse de sinistres regards, auxquels elle oppose le calme et la dignité.*)

SCÈNE VII.

LE COMTE, LA COMTESSE.

LA COMTESSE, *allant se jeter aux pieds du comte.*

Maintenant, c'est à vos pieds que j'implore la grâce de ma fille.

LE COMTE, *la relevant.*

Que faites-vous, madame?

LA COMTESSE.

Je ne quitte point cette place que vous ne m'ayez fait connaître le sort de ma fille. Rendu à vous-même, loin de ce fils cruel qui mésuse de l'ascendant qu'il a sur vous... Non, vous ne serez plus insensible à mes prières, à mes larmes... Où est ma fille ?

LE COMTE, *cherchant à montrer de la fermeté.*

Madame, (*il la relève*) j'excuse la douleur d'une mère... mais votre aveugle tendresse pour votre fille, et votre injuste prévention contre Rodolphe, vous égarent. C'est votre Sydonie qui est coupable, et c'est mon fils que vous accusez.... convaincue de son crime, par son propre aveu, vous doutez encore de l'abandon d'une fille ingrate ?

LA COMTESSE.

Ma fille m'aurait abandonnée ! Ah ! si elle en était capable, je l'oublierais à jamais !... Mais sur quels indices vous persuadez-vous qu'elle a pris la fuite ?

LE COMTE.

Pendant cette nuit désastreuse, n'a-t-on pas vu des inconnus roder autour du château ? Ne sait-on pas que le perfide Ernest lui-même a paru dans les environs ? Enfin, n'ai-je pas la lettre qu'il écrivait à sa complice, pour l'arracher à tous ses devoirs !.... La voici, cette lettre qui a porté la conviction dans mon âme.... Voyez, voyez, madame ! et jugez vous-même, si vous devez encore la défendre.

(*Il lui remet le billet d'Ernest, que la comtesse parcourt avec agitation.*)

LA COMTESSE.

Dieu puissant ! Il serait vrai... hélas !... tout me le prouve !... Ah ! du moins si je savais où l'on a dirigé ses pas, j'irais à l'instant même sur ses traces, l'arracher des bras de son ravisseur, la faire repentir de sa faute, par la tendresse et la persuasion, et je la ramenerais à vos pieds, pour obtenir de vous son pardon...

LE COMTE, *avec exaltation.*

Ah ! ma malédiction la poursuivra partout !

LA COMTESSE.

Arrêtez ! ne rendez pas mon sort encore plus affreux !.... Laissez-moi l'espérance de vous fléchir un jour... ou j'expire à vos yeux !

LE COMTE, *avec contrainte.*

Je n'aurais point pensé, madame, qu'une fille qui s'est rendue indigne de nous, vous fût encore si chère ? Je veux bien excuser les erreurs de l'amour maternel ; je vous pardonne les reproches que vous avez osé m'adresser, les outrages dont vous avez abreuvé un fils, un peu trop ardent peut-être, mais qui n'oublia jamais ce qu'il devait à sa famille; et j'espère que vous ne tarderez pas à revenir à des sentimens plus dignes de la comtesse de Meindorff.

(*Il s'éloigne en affectant le plus grand calme, et laissant la comtesse abîmée dans sa douleur.*)

SCENE VIII.

LA COMTESSE, seule.

Il me laisse! il n'a point pitié de mes larmes? Et ma fille? Hélas! m'est-il permis de douter encore! Malgré les soupçons affreux qui se sont élevés dans mon âme, il ne me reste pas même la consolation de pouvoir la croire innocente.... Indigne Ernest! c'est toi qui la ravit à ma tendresse, à mon amour!... toi, pour qui, sans te connaître, j'ai bravé les préjugés de mon époux... Tu portes à mon cœur le coup le plus sensible!... Ah! quand je voulais t'aimer comme un fils, tu me forces de te haïr comme l'ennemi le plus implacable!...

(*Elle reste plongée dans les plus tristes réflexions*).

SCENE IX.

LA COMTESSE, ERNEST.

ERNEST, *très-agité*.

Ah! madame, madame!....

LA COMTESSE.

Pourquoi ce trouble, cette agitation?

ERNEST.

Pardonnez ma témérité... Mais mon inquiétude est à son comble, et quel que soit le danger que je cours, il faut absolument que je vous parle.

LA COMTESSE, *surprise du ton d'Ernest*.

Qu'avez-vous à me dire?

ERNEST.

Connaissez-vous enfin le sort de votre fille?

LA COMTESSE.

De ma fille! Viendriez-vous m'en donner des nouvelles?

ERNEST.

Que ne le puis-je au péril de ma vie! Des soupçons seuls...

LA COMTESSE.

Des soupçons?

ERNEST.

Craignez tout pour elle de votre orgueilleux époux, et surtout du cruel Rodolphe.

LA COMTESSE, *avec sévérité*.

Maurice, osez-vous devant moi accuser vos maîtres?

ERNEST.

Ils ont juré la perte de Sydonie.

LA COMTESSE.

Oh! ciel!

ERNEST.

Eux seuls ont disposé de son sort.

LA COMTESSE.

Il se pourrait?

ERNEST.

Ils vous trompent, en cherchant à vous faire croire à sa fuite.

LA COMTESSE.

Comment pouvez-vous savoir?

ERNEST.

Ne pensez pas qu'elle ait quitté ce château avec Ernest Steimber...

LA COMTESSE.

Hélas! que ne m'est-il permis d'en douter!

ERNEST.

Je puis vous en donner l'assurance....

LA COMTESSE.

Vous?

ERNEST.

La plus positive!

LA COMTESSE.

J'ai la preuve....

ERNEST.

Elle est fausse.

LA COMTESSE, *montrant le billet.*

Cette lettre.....

ERNEST, *la reconnaissant.*

Dieu! comment est-elle tombée dans vos mains?

LA COMTESSE.

C'est le comte lui-même....

ERNEST.

Ah! tout s'explique maintenant?

LA COMTESSE.

Vous connaissez cet écrit?

ERNEST, *avec confusion.*

C'est moi qui l'ai tracé.

LA COMTESSE.

Vous, Maurice?

ERNEST, *s'inclinant avec respect.*

Non; Ernest Steimber!

LA COMTESSE, *très-étonnée.*

Ernest Steimber!

ERNEST, *tombant à genoux.*

Il est à vos pieds.

LA COMTESSE.

Vous !..... vous Ernest ?

ERNEST, *toujours à genoux.*

Accablez-moi de toute votre haîne ; mais joignez-vous à moi pour sauver Sydonie....

LA COMTESSE.

O mon Dieu ! donne moi la force de supporter tant de coups !.... (*A Ernest.*) Relevez-vous, relevez-vous, monsieur. (*Il se relève.*)

ERNEST, *avec exaltation.*

Oui, laissons les gémissemens et les plaintes, songeons à nos devoirs ! Sydonie nous appelle du sein de la douleur, de la mort, peut-être...

LA COMTESSE, *avec horreur.*

De la mort !

ERNEST.

Je crains tout de Rodolphe, de ce frère dénaturé.... Il peut tromper le comte lui-même sur ses véritables intentions. Ah ! madame, ne perdons pas un instant pour éclaircir le sort de mon épouse, de votre fille.... Je frémis pour elle, pour vous, pour tout ce qui lui est chère.... Sachez où elle a été conduite, entraînée.... N'écoutez que votre tendresse, faites parler les droits de mère ; ne vous laissez pas imposer par la fierté du comte ; priez, pressez, ordonnez au nom des lois, de la nature et de la société... Interrogez Rodolphe surtout.... Employez tour-à-tour auprès de lui et la prière et la menace... L'amour maternel vous rendra éloquente, persuasive, il fera luire la vérité dans ce dédale d'horreur. N'en doutez plus, madame, il s'est formé contre les jours de Sydonie, le plus sinistre complot.... et ses titres sacrés d'épouse et de mère seront l'arrêt de sa mort !....

LA COMTESSE.

Mes sens sont glacés d'horreur et d'épouvante, je respire à peine... Que faut-il faire ? Grand Dieu ! (*Elle réfléchit.*) Ernest ! Ernest ! sauvez ma fille, qu'elle vive, qu'elle vive pour vous, et je suis heureuse !

ERNEST, *avec une joie secrète.*

Ainsi, madame, vous seconderez mes projets ?...

LA COMTESSE.

Oui, vous pouvez tout entreprendre ; j'avoue d'avance pour mon fils le libérateur de ma Sydonie...

ERNEST, *avec confidence, s'animant par degrés.*

La moindre imprudence pourrait hâter sa perte ?.... Il faut donc nous ménager de puissans moyens... Tandis, qu'en ces lieux, vous chercherez à découvrir dans quelle retraite Sydonie est retenue, moi, je vais me rendre sans délai à la résidence. J'irai trouver le prince de Rosenthal... J'eus le bonheur de lui rendre un important service... Il me doit quelque reconnaissance ; il m'a fait jurer de réclamer son appui, lorsqu'il pourrait m'être nécessaire.... Il est grand, généreux, tout-puissant à la cour du souverain ; je vais lui faire connaître la vérité et implorer sa protection... Il déploiera l'autorité dont il est revêtu pour rendre Sydonie à sa mère ; et avant la fin du jour, madame, votre fille sera dans vos bras.

LA COMTESSE.

J'approuve ce projet, dont le noble caractère du prince de Rosenthal me fait espérer la réussite... Oui, sa présence seule pourrait ramener mon époux à des sentimens plus favorables, et détruire la fatale influence de son fils, sans être forcé d'employer l'autorité des lois. Mais ce n'est pas vous, Ernest, qui devez réclamer la protection de celui qui fut votre rival... C'est à moi, c'est à la mère de Sydonie, d'aller solliciter la justice du prince de Rosenthal... La résidence n'est pas éloignée, et je puis en peu de temps franchir la distance qui nous en sépare, pour presser l'arrivée du prince en ce château, où sa présence, qui devait y porter la contrainte et l'effroi, pourra bientôt ramener le bonheur et la paix.

ERNEST.

Eh bien ! partez, partez, madame.

LA COMTESSE.

Mais comment, sans éveiller le soupçon, faire préparer tout ce qu'il faut ?

ERNEST.

Ma voiture est encore sous les murs du parc... elle devait servir à sauver Sydonie... elle servira à sa mère, pour aller lui chercher des libérateurs.

LA COMTESSE, *entendant du bruit.*

On vient, c'est Rodolphe ! Hâtons-nous, venez, conduisez-moi avant qu'il nous ait aperçus. (*Ils s'éloignent par la gauche, au moment que Rodolphe, plongé dans les plus sombres réflexions, s'avance sur la terrasse du château.*)

SCÈNE X.

RODOLPHE, *seul.*

L'indécision de mon père, ses craintes, les menaces de la comtesse, tout porte dans mon âme la plus vive inquiétude. (*Moment de silence.*) Malgré toutes mes recherches, je n'ai pu découvrir les traces de Steimber... Il est certain cependant qu'il a paru dans ce village, ses équipages y étaient même encore hier soir... Ils sont partis dans la nuit... Sans doute instruit de la disparution de son amante, il a craint de tomber lui-même, dans quelque piége... Mais Steimber ne peut être éloigné... Il peut reparaître à chaque instant, faire parler les lois, redemander son épouse. Si la comtesse apprend que Sydonie n'est plus en son pouvoir, tous ses soupçons se tourneront contre moi, et peut-être découvrira-t-elle la vérité; il faut éviter ce nouveau danger; et si le perfide Ernest reparaissait, il serait bien important que je me rendisse maître de lui... Si je pouvais faire épier ses pas... surveiller ses démarches... afin de saisir l'instant favorable... J'ai pensé à ce Ludwig, il m'a paru assez adroit.. dans le temps, il me fut dévoué... Son camarade Maurice, étranger dans cette contrée, pourrait aussi me servir... leur intérêt doit les attacher à ma personne, et pour quelques pièces d'or ne pourrai-je pas?... Voici Ludwig... voyons... essayons.

SCÈNE XI.

RODOLPHE, LUDWIG.

LUDWIG, *au fond, à part.*

Je ne vois pas monsieur Ernest : où peut-il être? Je tremble toujours qu'une imprudence (*Il aperçoit Rodolphe.*) Ah! monsieur le chevalier... (*Il s'arrête.*)

RODOLPHE.

Approche, j'ai à te parler.

LUDWIG, *s'avançant.*

Je suis toujours à vos ordres, monsieur.

RODOLPHE, *s'appuyant sur son épaule.*

Ecoute, mon cher Ludwig.

LUDWIG, *à part.*

Mon cher Ludwig?... Tenons-nous sur nos gardes...

RODOLPHE.

Je sais quelle confiance on peut avoir en toi.

LUDWIG.

Vous le savez?... (*à part.*) Où veut-il en venir?
(*Ernest paraît au fond, en apercevant Ludwig et Rodolphe, il s'arrête pour les écouter.*)

RODOLPHE.

Je desire entièrement t'attacher à mon service.

LUDWIG.

C'est trop d'honneur.

RODOLPHE.

Ainsi que Maurice ton camarade. (*Le regardant.*) On peut compter sur lui?

Sydonie. 8

LUDWIG.

Comme sur moi.

RODOLPHE, *le regardant toujours.*

Fort bien! Si je te disais : mon cher Ludwig, il est un ennemi qui en veut à ma tranquillité, à ma fortune, à ma gloire...

LUDWIG, *surpris du ton de Rodolphe.*

Si vous me le disiez?

RODOLPHE.

Balancerais-tu à me servir contre lui?...

LUDWIG.

Non, si vous étiez attaqué.

RODOLPHE.

Je le suis dans ce que j'ai de plus cher... L'honneur de ma famille et de mon nom.

LUDWIG, *dont la surprise s'accroît par degré et se change en inquiétude.*

Et quel est votre ennemi?

RODOLPHE.

Un homme de néant... un jeune audacieux.

LUDWIG.

Où est-il?

RODOLPHE.

En ces lieux.

LUDWIG, *fort inquiet.*

Et vous le nommez?

RODOLPHE *bas.*

Ernest Steimber.

LUDWIG.

Ernest Steimber?

RODOLPHE.

Oui.

LUDWIG, *respirant à peine.*

Et vous savez qu'il est en ces lieux?

RODOLPHE.

Il doit y être.

LUDWIG.

Mais vous n'en êtes pas sûr?

RODOLPHE.

Je ne le connais pas; mais tout m'annonce sa présence... j'en ai des preuves même...

LUDWIG.

Des preuves? (*à part.*) Ah! mon Dieu! je n'ai pas une goutte de sang dans les veines!

RODOLPHE, *élevant la voix.*

Oui, Ernest Steimber...(*Ernest qui a écouté au fond, en silence, s'avance tout-à-coup en faisant signe à Ludwig de se contenir et de se taire.*)

SCÈNE XII.

LES MÊMES, ERNEST.

ERNEST.

Ernest Steimber !

RODOLPHE.

C'est vous, Maurice ? (*Sévèrement.*) Vous nous écoutiez ?

ERNEST, *jouant le trouble et la crainte.*

Pardon, monsieur le chevalier, je cherchais Ludwig, et j'attendais en silence que vous eussiez fini de lui parler, lorsque vous avez nommé Maurice... J'avoue que j'étais bien aise de savoir si j'avais eu le bonheur de vous plaire... Dans ce moment, le nom d'Ernest Steimber a frappé mon oreille....

RODOLPHE, *d'un ton plus radouci.*

Tu le connais ?

ERNEST.

Beaucoup : j'ai servi sous ses ordres.

RODOLPHE.

Et tu conserves de lui ?...

ERNEST, *qui le devine et semble concevoir un projet.*

Un assez désagréable souvenir ; il était sévère sur l'honneur, il voulait que chacun fît exactement son devoir.... et je ne l'aimais pas trop. (- *Ludwig, par un geste secret, approuve ce stratagème.*)

RODOLPHE, *à part.*

A merveille.

ERNEST, *continuant.*

Comment, mais c'est qu'il était fier aussi !... Je l'ai entendu dire qu'il valait bien la plupart des gens titrés qui se croyaient au-dessus de lui.... Je me rapelle même qu'il vous a nommé plusieurs fois....

RODOLPHE.

L'insolent ! (*Se contenant.*) Ainsi, mon cher Maurice, tu as entendu ce que je disais à ton camarade Ludwig ?

ERNEST.

Parfaitement.

RODOLPHE.

Qu'en penses-tu ?

ERNEST.

Que, pour ma part, je suis prêt à vous servir, et que je ne serai pas fâché de trouver l'occasion de rendre, à un homme que je n'aime pas, une partie des maux qu'il m'a fait éprouver.... (*Avec gaîté.*) Je suis bien sûr que mon camarade Ludwig pensera comme moi. N'est-ce pas? (*Absolument, dit Ludwig, ne devinant pas trop quelle est l'intention d'Ernest qui lui serre la main.*)

RODOLPHE.

Eh bien, mes amis, il m'importe beaucoup de m'assurer de la personne de ce Steimber; une fois en ma puissance, je verrai s'il mérite l'honneur de se mesurer avec moi.

ERNEST, *s'oubliant, mais par un signe de Ludwig reprenant bien vite son rôle.*

Je dois vous avouer que vous trouverez à qui parler, et qu'il n'a jamais reculé devant un ennemi.

RODOLPHE.

C'est ce que nous verrons. (*En confidence.*) Ecoutez: il ne peut être éloigné; il ne tardera pas, sans doute, à reparaître autour de ce château pour savoir ce qui s'y passe.... Il s'agirait, d'abord, de connaître sa retraite, d'épier ses démarches, de surveiller ses moindres mouvemens,... et, s'il était possible, de l'attirer adroitement dans le parc....

ERNEST, *contenant avec peine un mouvement d'indignation.*

Pour le livrer sans défense à vos coups...

RODOLPHE, *tirant une bourse.*

Cent ducats si vous réussissez: et pour vous encourager, tenez, voici d'avance.... (*Ernest, oubliant de nouveau son rôle, fait un geste de refus et de fierté; mais Ludwig qui avait un instant disparu au fond, se hâte de recevoir l'argent.*)

SCÈNE XIII.

LES MÊMES, LUDWIG.

LUDWIG.

Allons donc, Maurice, tu fais le fier.... Ah! je vois ce que c'est; tu veux n'être payé, sans doute, qu'après avoir agi?... Moi je prends d'abord.... Si l'or est bon comme récompense, il est bon aussi comme encouragement.

RODOLPHE, *qui a remonté la scène revient.*

Je vais retrouver mon père; ne perdez pas de temps.... et ma gratitude surpassera votre espérance. (*Il s'éloigne, Ernest fait encore un geste, que Ludwig dérobe à son ennemi, en passant près de Rodolphe qu'il salue humblement, en signe de respect et de soumission, en faisant résonner l'argent qu'il a reçu.*)

SCENE XIV.

ERNEST, LUDWIG.

LUDWIG, *revenant vîte auprès d'Ernest, après la sortie de Rodolphe.*

Mais, monsieur, faites donc un peu mieux le valet, si vous voulez qu'on y soit trompé, et ne refusez jamais rien... Prendre de toutes mains, c'est le signe caractéristique des valets de toutes les classes.

ERNEST, *très-préoccupé.*

Ce moyen est hardi;... mais il peut réussir.

LUDWIG.

A ça, monsieur, dites-moi, maintenant que nous sommes seuls....

ERNEST.

Il est important de nous rendre maîtres de l'entière confiance de Rodolphe.... de le délivrer de toutes ses inquiétudes sur celui qu'il craint tant, et, par le coup hardi que je médite, de le forcer à nous découvrir, lui même, dans quel asyle impénétrable est renfermée ma Sydonie.... suis-moi. (*Il sort en ordonnant à Ludwig de le suivre.*)

LUDWIG, *seul.*

Diable m'emporte! si je connais quelque chose au projet de mon maître.... Mais, il m'expliquera sans doute.... (*Il va pour sortir sur les pas d'Ernest, il se trouve en face de Buzmann qui entre hors d'haleine, suivi de quelques villageois.*)

SCENE XV.

LUDWIG, BUZMANN, Villageois.

(*Ils entrent en tumulte.*)

BUZMANN.

Ah! mon Dieu! mon Dieu! quel événement! quel événement!... (*C'est en ce moment qu'il heurte Ludwig.*) Ah! te voilà, Ludwig? où est monsieur le comte?

LUDWIG, *regardant la terrasse.*

Tenez, le voici qui vient avec monsieur le chevalier.... (*Il sort en courant d'un côté, tandis que Buzmann s'avance de l'autre au-devant du comte et de Rodolphe, qui paraissent sur la terrasse.*)

BUZMANN, *désolé.*

Ah! comment lui apprendre?... (*Il se trouve près du comte qu'il salue humblement.*)

SCÈNE XVI.

LES MÊMES, LE COMTE, RODOLPHE.

BUZMANN.

Ah! monseigneur! monseigneur!...

LE COMTE.

Qu'avez-vous, Buzmann?

BUZMANN.

Voilà bien une autre affaire, ma foi!

LE COMTE.

Qu'est-il arrivé?

BUZMANN.

Ce n'est pas assez qu'on ait enlevé mademoiselle Sydonie cette nuit!...

LE COMTE.

Eh bien?

BUZMANN.

Madame la comtesse...

LE COMTE.

La comtesse?

BUZMANN.

A disparu aussi!...

LE COMTE, *irrité.*

Que signifie cet insolent verbiage?...

BUZMANN.

Du verbiage? Rien n'est plus vrai, monseigneur. On vient de la voir dans une chaise de poste, attelée de bons chevaux, débusquer du petit bois, sous les murs du parc, et aller, comme le vent, du côté de la résidence... (*Cette annonce jette un moment de trouble dans l'âme du comte et de Rodolphe; ce dernier cependant, plus maître de lui, se remet bien vite.*)

LE COMTE.

O! ciel!... (*A Rodolphe.*) Chercherait-elle les traces de Sydonie? (*C'est la pensée de Rodolphe, et c'est ce qui le rassure, sachant bien que toutes les recherches seront vaines; il invite son père à mieux déguiser les sentimens qui l'agitent.*)

BUZMANN, *au comte.*

C'est peut-être encore un mauvais tour de ce maudit Ernest Steinber.... Il enlèverait le diable, cet homme là!... Et si cela continue.... (*On n'est pas encore revenu du trouble causé par l'annonce que vient de faire Buzmann, lorsqu'on entend le bruit de deux coups de feu. Effroi général. Cris des villageois et villageoises, nouveau trouble du comte, surprise de Rodolphe.*)

BUZMANN, *tout tremblant.*

Qu'est-ce que c'est que cela? Encore un enlèvement? C'est peut-être ma fille? (*Regardant.*) Ah! la voilà! (*Il va au-devant de sa fille qui arrive tout en courant.*)

SCÈNE XVII.

LES MÊMES, EMELINE.

EMELINE, *très-émue.*

Mon père!... mon père!... je viens d'apercevoir de loin, là-bas, dans le parc, auprès de la petite porte qui donne sur la campagne.... monsieur Ludwig et son camarade Maurice.... ils semblaient poursuivre quelqu'un, ils se sont enfoncés dans le plus épais du bois,.... et bientôt après j'ai entendu ces coups de feu,... qui m'ont fait une peur!... qui m'ont fait une peur!....

(*Le comte, interdit, l'interroge; Rodolphe seul, semble deviner la cause de cet événement; il tranquillise son père, et veut tourner en ridicule la sotte frayeur de Buzmann, qui s'est éloigné un instant et revient.*)

BUZMANN.

Monseigneur, ce sont peut-être des braconniers qui ont pénétré dans le parc à la faveur du trouble qui règne dans ce château depuis hier.... Faut-il armer tout le monde et faire des recherches?

RODOLPHE, *vivement.*

Je vous le défends. Cette terreur panique est ridicule. Madame la comtesse se rend à la résidence où d'importantes affaires l'appellent.... qu'y a-t-il d'extraordinaire? Mon chasseur Ludwig et son camarade Maurice, tirent deux coups de fusil dans le parc, où je leur ai permis de chasser.... qu'y a-t-il d'effrayant?... Retirez-vous au château. (*Bas au comte resté interdit, troublé.*) Mon père, bientôt je vous instruirai de tout ce que j'ai tenté pour couvrir notre secret d'un voile impénétrable. (*Toujours maîtrisé par l'ascendant de son fils, le comte, s'éloigne entouré de Buzmann, d'Emeline et de ses serviteurs. Rodolphe reste seul à l'avant-scène.*)

SCÈNE XVII.

RODOLPHE, *seul.*

Ce que je viens de dire à Ludwig et à Maurice!... Ces coups de feu.... Je ne sais que penser...

(*Ernest paraît au fond, il écoute.*)

SCENE XVIII.

RODOLPHE, ERNEST.

ERNEST, *feignant de l'empressement et de l'agitation.*
Monsieur, monsieur, sauvez-moi, sauvez-moi!

RODOLPHE.

Qu'as-tu fait, Maurice?

ERNEST.

Le hazard a trop-tôt, peut-être, servi votre vengeance!...

RODOLPHE.

Que veux-tu dire?

ERNEST.

A peine, nous vous avions quitté, Ludwig et moi, qu'au fond du parc... au détour d'une sombre allée, un étranger se présente à nous....

RODOLPHE.

Un étranger?...

ERNEST.

Je ne tarde pas à le reconnaître...

RODOLPHE.

C'était?....

ERNEST.

Ernest Steimberg.

RODOLPHE.

Steimberg!...

ERNEST.

Lui-même. Voulant profiter de ce moment favorable pour servir vos projets.... nous concevons, Ludwig et moi, l'idée de tâcher de tromper l'ennemi commun par quelque ruse.... Il devine notre dessein, il veut fuir, je cours sur lui; il arme un pistolet et m'ajuste, il me manque, il veut redoubler; mais furieux du péril que je venais de courir, je lui arrache son arme, je tire, et je l'étends à mes pieds.

RODOLPHE.

Il est mort?

ERNEST.

Mort. Jugez de mon danger si j'étais découvert.... C'est pour vous que je me suis rendu coupable.... vous-même, vous pourriez être accusé.

RODOLPHE.

Malheureux! qu'as tu fait?...

ERNEST.

J'ai tout osé pour vous servir.

RODOLPHE.

Où est Ludwig?

ERNEST.

Il veille à ce que personne n'approche....

RODOLPHE, *troublé.*

Ah! il faut soustraire à tous les yeux.... Quels lieux assez secrets?... (*Frappé d'une nouvelle idée.*) Quelle pensée!... oui là.... Personne ne pourra découvrir... Ecoute, Maurice, aidé de Ludwig, transporte sur le champ,... dans les ruines du vieux château.... non loin de la chapelle....

ERNEST, *croyant le deviner.*

Je vous entends.

RODOLPHE.

Vous trouverez tout ce qui pourra vous être nécessaire.... Allez, je ne tarderai pas à vous rejoindre.... Et réunissant nos efforts... (*Après un silence.*) Songe bien, Maurice, que maintenant enchaîné à moi par l'action que tu viens de commettre, tu ne peux plus hésiter à servir ma fureur. (*A part*). Sydonie! Sydonie!.... à quels forfaits l'oubli de tes devoirs m'a-t-il forcé?... Ah! ma vengeance ne saurait être trop terrible!... (*Il sort par la terrasse, en renouvelant ses ordres à Ernest.*)

ERNEST.

Je m'expose aux plus grands dangers; mais je les braverai tous! O mon Dieu, faites-moi trouver la mort, ou sauver Sydonie. (*Il s'éloigne rapidement par le côté opposé au château.*)

(*Le théâtre change et représente une chapelle souterraine et sépulcrale: dans la chapelle sont rangés, par ordre, les tombeaux de la famille de Meindorff; elle est éclairée par une lampe à plusieurs branches, suspendue à la voute. Au fond, sur l'un des côtés, mais en face du public, se trouve la porte d'entrée, élevée de quelques marches, et décorée d'emblêmes lugubres.*)

SCENE XIX.

SYDONIE, *seule.*

(*Au changement, Sydonie, pâle, échevelée, les vêtemens en désordre, est à genoux près d'un tombeau, dans la douleur la plus profonde.*)

(*Elle se lève.*) Me voilà descendue dans le séjour de la mort.. (*Elle regarde.*) C'en est fait, plus d'espérance! O mon père, je connaissais votre rigueur; mais aurais-je soupçonné une barbarie?... Me livrer à la haine implacable de mon frère, Me condamner à toutes les horreurs du désespoir et d'une lente et douloureuse agonie!... Le plus vil des criminels est bien moins à plaindre; il reçoit la mort qu'il a méritée; mais

Sydonie. 9

quelques instans suffisent pour en ordonner les apprêts, et son Bourreau n'est pas son frère !... (*Moment de silence; regardant autour d'elle.*) Des cendres, des tombeaux ?... Voilà donc ce qui me reste, (*indiquant la lampe*) et le cruel Rodolphe n'a éclairé lui-même ces lieux funèbres, que pour m'en faire voir toute l'horreur !... sort impitoyable !.. (*Ses genoux semblent fléchir.*) Je succombe sous le poids de mes maux. (*Elle tombe appuyée sur une tombe; on entend du bruit, elle écoute.*) Quel bruit a fait retentir ces voutes !... On approche !... Est-ce un libérateur ? (*Regardant.*) C'est Rodolphe ! (*Elle retombe plus accablée.*)

SCÈNE XX.

SYDONIE, RODOLPHE, deux Hommes.

(*La porte du fond s'ouvre et l'on aperçoit sous une voute obscure, qui semble se prolonger au loin en remontant, Rodolphe avec deux hommes, enveloppés de manteaux noirs, et la figure entièrement cachée sous leurs chapeaux à larges bords; ils tiennent à la main, des torches allumées.*)

RODOLPHE, *aux deux hommes.*

Exécutez en silence les ordres que je vous ai donnés. (*Les deux affidés s'éloignent sous la voute, Rodolphe descend en scène; les portes de fer se referment.*)

SCÈNE XXI.

RODOLPHE, SYDONIE.

RODOLPHE, *d'une voix sombre.*

Sydonie. Sydonie !..

SYDONIE, *se soulevant à peine.*

Que veux-tu ?... Que viens-tu chercher dans ces funestes lieux où tu m'as condamné à périr de la mort la plus affreuse ? Serait-ce la pitié, le remords qui t'y ramènent ?...

RODOLPHE.

J'y viens ensevelir auprès de toi, jusqu'aux dernières traces du nouveau crime que ton coupable abandon m'a fait commettre.

SYDONIE, *effrayée.*

Un nouveau crime ?...

RODOLPHE.

L'indigne objet de ton amour....

SYDONIE.

Ernest !..

RODOLPHE.

Tombé sous nos coups....

SYDONIE.

Dieu !.....

RODOLPHE.

Tu l'adorais? Sois unie avec lui dans la tombe...

SYDONIE.

Ernest? Ernest?...

RODOLPHE.

Est là !

(*En prononçant ces mots, il a remonté la scène, et pousse avec force la porte de fer qui se rouvre avec fracas.*)

(*On aperçoit alors un cercueil, caché sous une draperie noire, il est posé sur un débris de tombeau; à côté, un des hommes enveloppés de manteaux noirs, qu'on a déjà vus, tient sa torche levée pour éclairer la voute souterraine.*)

SYDONIE, *tombant anéantie au bas du cercueil.*

O comble de barbarie!

RODOLPHE, *avec l'ironie la plus amère.*

Je te rends l'objet de ton amour!

SYDONIE, *d'une voix éteinte.*

Achève ton ouvrage, ne sois pas criminel à demi. (*Se jettant à genoux.*) Voilà mon cœur, frappe! (*Elle est à ses pieds. Rodolphe tire son poignard, et le lève sur elle.*)

RODOLPHE.

Non; tu vivras pour que ma vengeance soit complète.

(*Il jette son poignard. Sa sœur le prie, il la renverse, elle reste évanouie au pied d'une colonne funèbre.*)

SCENE XXII.

LES MÊMES, LUDWIG.

(*L'homme enveloppé du manteau s'approche après avoir déposé sa torche, et l'on reconnaît Ludwig.*)

RODOLPHE, *à Ludwig.*

Sortons de ces lieux pour en fermer à jamais l'entrée, pour en dérober l'approche à tous les regards.

RODOLPHE, *regardant sous la voute, avec inquiétude. A Ludwig.*

Pourquoi es-tu seul? où est celui qui a si bien servi ma vengeance!

LUDWIG, *bas et cherchant à le tromper.*

Après m'avoir aidé à exécuter vos ordres, entendant du bruit à l'entrée de ces souterrains, mon camarade est allé surveiller à l'extérieur, nous le retrouverons dans le parc.

RODOLPHE.

Il suffit, éloignons-nous.

(*Il sont à pas précipités, il entraîne Ludwig, qui porte sur Sydonie, des regards où se peignent la pitié et la crainte.*)

SCÈNE XXIII.

SYDONIE, puis ERNEST.

(*Sydonie restée immobile, revient peu-à-peu à elle, se soulève, et semble sortir d'un songe pénible ; bientôt la vue du cercueil lui rappelle l'excès de son malheur : elle aperçoit le poignard de Rodolphe, tombé à ses pieds, et le saisit avec la joie du désespoir.*)

SYDONIE.

C'en est donc fait !... La vie n'est plus pour moi qu'un long supplice !... Ah ! du moins il m'est resté cette arme.
(*Elle fait un mouvement pour se frapper.*)

ERNEST.

Arrête ! (*Il s'élance du cercueil et retient le bras de Sydonie.*)

SYDONIE, *avec le délire de la joie.*

Ernest !... Ernest !... N'est-ce point une illusion ?

ERNEST.

Chère épouse ! j'existe encore, pour t'aimer, pour te défendre.

SYDONIE, *tombant dans ses bras.*

Oui, oui, c'est lui... Mais comment es-tu descendu dans ce lieu d'horreur ?

ERNEST, *vivement.*

Je n'avais que ce moyen pour parvenir jusqu'à toi, pour forcer ton persécuteur à me découvrir ta retraite.

SYDONIE, *avec effroi.*

Grand dieu ! renfermé tous deux dans cet horrible séjour, dois-tu partager mon supplice ? Ne t'aurais-je retrouvé que pour te voir expirer à mes yeux.

ERNEST.

Rassure-toi, chère amie, ta mère elle-même est allée nous chercher des défenseurs, et mon serviteur fidèle veille pour nous au-delà de cette lugubre prison... Bientôt, bientôt, je l'espère, la clarté du jour nous sera rendue : mais quel que soit ton sort, j'ai voulu le partager, et si ton père persistait dans son injuste courroux, donne-moi ta main, Sydonie, et prenant à témoins les mânes de tes aïeux, jurons de mourir plutôt que de nous séparer jamais !...

(*Ils font ce serment solennel et lugubre. Un bruit sourd et lointain se fait entendre : Ernest et Sydonie écoutent avec espoir et crainte.*)

ERNEST.

Qu'entends-je ?... Ces cris, ce tumulte !... Le bruit redouble, on approche... Ce ne peut être que des libérateurs !

SYDONIE.

Ah! craignons encore...

SCÈNE XXIV.

LES MÊMES RODOLPHE.

(*On entend un grand tumulte à l'extérieur, les portes du fond s'ouvrent, et l'on voit s'avancer Rodolphe pâle, égaré, tenant son épée à la main.*)

RODOLPHE, *avec désordre*.

On cherche Sydonie, on veut l'arracher à ma vengeance !... Me livrer à la rigueur des lois, peut-être !... N'hésitons plus, périssons, s'il le faut; mais qu'elle descende avant moi dans la tombe! (*Il cherche Sydonie dans l'ombre, il l'aperçoit, court sur elle, l'épée haute, et se trouve en face d'Ernest.*) Que vois-je ?...

ERNEST.

Le défenseur de Sydonie !

RODOLPHE.

Misérable !
(*Il veut se jeter sur celui qu'il prend pour Maurice; Ernest le désarme, Rodolphe lui tire un coup de pistolet et le manque; Ernest s'élance sur Rodolphe, Sydonie se précipite sur ses pas.*)

SYDONIE.

Ernest, c'est mon frère !...

RODOLPHE.

Ernest, lui ! ô fureur !

ERNEST.

Ta vie est entre mes mains; mais je n'imiterai pas ta lâcheté. (*Il lui jette son épée. Le bruit à l'extérieur a toujours été croissant pendant cette scène.*)

SCÈNE XXV.

LES MÊMES, LA COMTESSE, LUDWIG, *Villageois, Villageoises.*

(*La comtesse paraît au fond, suivie et entourée de serviteurs et de villageois qui portent des torches; elle s'élance vers Sydonie. Rodolphe, sans être vu, a ramassé son épée et médite un nouveau coup. Il est prévenu par Ludwig qui lui présente un pistolet.*)

LA COMTESSE, *hors d'elle même*.

Ma fille ! ma fille ! (*La serrant sur son cœur.*) Ah ! je rends grâce au ciel ! (*Vivement.*) Le prince de Rosenthal a réalisé toutes mes espérances, ses prières ont touché le cœur de mon époux.... Venez, venez, mes enfans, vous jeter dans ses bras.

SCENE XXVI.

LES MÊMES, LE COMTE, LE PRINCE DE ROSENTHAL, *Soldats, Gardes-chasse, Villageois, etc.*

LE COMTE.

Ma fille, Ernest, me pardonnerez-vous les maux que je vous ai causés.

SCENE XXVII ET DERNIERE.

LES MÊMES, EMELINE, BUZMANN et *Villageois.*

LE PRINCE.

Que tout soit oublié. Ernest Steimber, le souverain, pour récompenser les services que vous avez rendus à votre patrie, vous appelle à son conseil; venez occuper à la cour, le rang et la place dus au mérite et aux vertus. (*A Rodolphe.*) Quant à vous, chevalier, apprenez à mieux connaître les devoirs et les obligations que nous impose une illustre origine; c'est en imitant les vertus de nos aïeux, que nous pouvons mériter leurs honneurs. Allez, au milieu des périls de la guerre, réparer, s'il se peut, les torts affreux dont vous vous êtes rendu coupable; le souverain voulait vous en punir; mais la comtesse de Meindorff a obtenu votre pardon.

RODOLPHE, *furieux.*

Mon pardon!

(*Il sort au desespoir; bientôt après on entend un coup de feu. Inquiétude générale. Buzmann étonné, est auprès d'Emeline et de Ludwig; la suite du prince s'est rangée au fond; la comtesse soutient son époux, vivement ému; les deux amans sont à ses pieds : les villageois et villageoises rendent grâce au ciel, de leur avoir conservé leur jeune maîtresse.*)

(TABLEAU GÉNÉRAL.)

Fin du troisieme et dernier acte.

FIN.

AVIS AUX LECTEURS.

Le Catalogue de mon Cabinet de Lecture se compose de plus de vingt mille volumes ; il se distingue dans tous les genres ; on y trouve tous les grands ouvrages, tels que :

Buffon, Voltaire, Rousseau, etc., etc.

Littérature ancienne et moderne, Poésies.

Histoires, Voyages, Mémoires ; et douze à quinze mille volumes de Romans, tant anciens que nouveaux, parmi lesquels on trouve tous ceux de Lesage, l'Abbé Prevost, Pigault-Lebrun, Ducray-Duminil, Auguste-Lafontaine, Fiévée, De Jouy, Montjoye, Lewis, De Tressan, Sewrin, Regnault-Warin, Fielding, Legay, Lavallée, Darnaud, Lamartellière, le comte Lacépède, Boissy, Surr, Sarazin, Desforges, Picquenard, Brès, Durdent, le Marquis d'Argens, Florian, Berquin, De Favrolles, Gorjy, Ducos, etc., etc. ;

Mmes. De Staël, Riccoboni, Cottin, De La Fayette, De Tencin, De Flahaut, De Montolieu, De Genlis, De Marese, De Renneville, Dufrénoy, Hadot, Guenard, Bournon-Malarme, Chemin, Choiseul Meuse, Gottis, Maurer, Tercy, Armande-Roland, St.-Venant, De Bon, Anne Radcliff, Edgeworth, Opie, Owenson, Regina Maria Roche, Elisabeth Elme, Bennet, Porter, Burney, Sophie Lée, etc, etc.

On y trouve également tous les Romans de Sir Walter-Scott, Lord Byron, Victor Ducange, De Rougemont, etc.

Je suis au courant des nouveaux, que l'on trouve au fur et mesure de leur mise en vente, ainsi que les Pièces nouvelles de tous les Théâtres.

A VENDRE AU RABAIS.

Répertoire général du Théatre Français, 51 vol. in-12, au lieu de 150 fr. . . . . 70 f.

Le même, papier vélin, au lieu de 300 fr. . . 120

De l'Imprimerie de DELAGUETTE, rue Saint-Merry, N°. 22.

www.ingramcontent.com/pod-product-compliance
Lightning Source LLC
LaVergne TN
LVHW051513090426
835512LV00010B/2507